내 아이를
영재로 바라보면
영재가 된다

상위 0.3%로 키운 엄마의 교육법

내 아이를
영재로 바라보면
영재가 된다

신재은 지음

한국경제신문

프롤로그

내가 신혼 때부터 살고 있는 집은 12년 전과 별로 달라진 게 없다. 소파, 커튼, 인테리어 모든 것이 그대로다. 얼마 전 지인이 방송을 보고 한마디 했다.

"재은 씨는 보기보다 수더분한 성격인가 봐요."

"왜요?"

"이미지만 보면 인테리어에 신경 많이 쓸 것 같은데 의외로 사람 냄새 물씬 나는 곳에서 살던걸요?"

"아유, 지금 우리 집 지저분하다고 돌려 얘기하시는 거죠?"

얼굴이 좀 빨개졌다. 지난 4년 동안 옷장 청소 한 번 못 했고, 부엌엔 늘 설거짓거리가 쌓여 있으니 지저분한 건 인정해야겠지. 하지만 게을러서라기보다 선택과 집중을 한

결과이니 부끄럽지는 않다. 다만 남편에게는 좀 미안하다. 옷이 삐뚤게 걸린 것도 못 보는 깔끔한 사람인데 집안일에 서툰 여자와 사느라 고생이 참 많다.

12년 동안 우리 집에 늘어난 건 책뿐이다. 매주 학습지 수업을 하러 오는 선생님이 아이에게 "서점에서 정우 엄마한테 상을 드려야 할 것 같아"라고 말씀하셨을 정도다. 수업을 하러 올 때마다 거실과 서재, 정우 방에 책이 늘어난 것이 눈에 보인다면서 말이다.

그리고 나의 보물 정우도 쑥쑥 자라 열두 살이 됐다. 좀 더 크면 엄마와 거리를 둘지 모르지만, 아직은 학교에서 있었던 일을 미주알고주알 이야기하는 귀여운 아들이다. 나는 정우와 같은 학년 80명의 이름을 모두 알고, 매일 학교에서 어떤 일이 있었는지도 안다. 그래서 척 하면 척이다.

"엄마, 그 친구가 아직도 나한테 삐졌나 봐요."

"걔가 일부러 그런 건 아닐 거야. 그날 기분이 안 좋은 일이 있었나 보지."

아이 학교생활과 친구들과의 일을 손바닥 보듯 하다 보니 정우가 무슨 말을 던져도 대화가 자연스레 이어진다. 나는 말수가 그리 많은 편이 아닌데 정우와 있다 보면 입이 아플 때까지 이야길 나누게 된다. 엄마는 아들의 모든 것이 궁금하고, 아들은 엄마와 대화하는 게 재미있다. 나는 항상 친구 같은 엄마가 되고 싶었다. 그래서 아이가 나를 친구처럼 느낀다는 걸 확인할 때마다 설레고 기쁘다.

나는 그동안 100권 정도의 육아서를 읽으며 올바른 교육철학을 갖고자 했다. 하지만 육아는 이론대로 되지 않을뿐더러, 말 그대로 연습 없는 실전이다. 그래서 직접 시행착오를 거치면서 때론 반성하고 때론 자신을 채찍질하며 알아가는 수밖에 없었다. 그리고 이제 겨우 엄마 5학년쯤 됐다. tvN 〈둥지탈출 3〉에 출연해 정우와의 일상을 공개했을 때 많은 분들이 응원해주셨다. 하지만 나는 여전히 반성과 수양이 필요한 엄마다. 아이 마음을 먼저 살피기보다 내 욕심이 앞선 적도 많았고, 지금도 욕심을 부리지 않기 위해 나를 다잡고 있다.

요즘 들어 입시라는 목표를 향해 달리기보다 공부하는 과정을 즐기면 결과에 상관없이 엄마도 아이도 행복할 것이란 생각이 확고해진다. 아이가 고려대 영재원에 합격하고 '상위 0.3퍼센트 영재'라는 타이틀을 얻게 된 것도 배움의 즐거움 자체에 목적을 두자 자연스럽게 따라온 결과이기도 하다.

내가 인정하는 나의 멋진 점은 열정적인 사람이라는 것이다. 그리고 정우의 멋진 점은 노력의 가치를 아는 아이라는 것이다. 정우가 초등학교에 입학하고 난 뒤 열정적인 엄마와 노력파 아들은 효과적인 학습법과 학습 환경을 찾기 위해 고군분투했다. 그 과정을 통해 모든 학습의 기초인 독서에 재미 붙이는 법, 자기주도 학습력을 높이는 공부법, 공부가 잘되는 환경 등 우리만의 노하우를 만들게 됐다. 이제 그 방법을 다른 분들과 공유하려고 하니, '옆집 엄마와 아이는 어떻게 공부했을까?' 하는 따뜻한 시선으로 지켜봐 주신다면 정말 감사할 것이다.

내 아이를
영재로 바라보면
영재가 된다

| 차례 |

1부

모든 아이는 특별하게 태어난다

1장 내 아이를 알면 교육이 보인다

2장 아이와 함께 완성한 엄마표 학습법

3장 영재성을 깨우는 환경 만들기

2부

부모의 오늘이 아이의 행복을 결정한다

4장 부부가 한 방향 바라보기

5장 후회하지 않는 엄마 되기

모든 아이는
특별하게
태어난다

혹시 아이의 가능성을 너무 미리 막아버리고 있는 것은 아닌지 생각해볼 필요가 있다. 아이의 잠재력은 무궁무진하기에 성급히 판단하고 결론지어선 안 된다. 세상의 모든 아이는 특별하다. 그리고 내 아이의 특별함을 발견하고 그것이 자라나게 해주는 것이 부모의 몫이라고 생각한다. 아이가 자기 입으로 무엇을 좋아하고 잘할 수 있는지 말해주지 않더라도 사랑의 눈으로 관찰하면 발견할 수 있을 것이다.

· 1장 ·

내 아이를 알면 교육이 보인다

> " 정우가 하고 싶은 건 뭐야? "

아이가 1학년이면
엄마도 1학년이다

정우가 초등학교 1학년 이름표를 달았을 때 나도 학부모로서 처음 커리어를 시작했다. 이제 막 시작된 대입까지 12년의 마라톤. 그땐 나도 아무 준비가 되어 있지 않아서 어떤 속도로 달려야 할지 몰랐다. 다만 열정과 끈기만큼은 누구에게도 뒤지지 않았기에 정우 손을 잡고 무작정 달려 나갔다.

정우가 미술학원에 다닐 때의 일이다. 학원 구석에 앉아 크레파스를 일일이 휴지로 닦고 정리하고 있는데 정우 또래 여자아이가 나를 멀뚱히 바라보았다. 그리고 한마디 하고 사라졌다.

"이 엄마도 참 대단하시네."

'에고, 어린아이한테 저런 소리도 듣네.'

신기하기도 하고, 정우를 도와준답시고 학원에 민폐를 끼친 건 아닐까 갑자기 부끄러워졌다. '이 엄마도 참 대단하다' 라니. 그 말이 칭찬이 아니라 부모의 지나친 열정을 꼬집는 것처럼 느껴졌다면 내 착각일까? 그런 점에서 정우가 미술대회에 참가한 일은 나를 돌아보는 첫 번째 계기가 됐다.

아이 인생의 첫 대회에서 작은 상이라도 타면 자신감을 심어줄 수 있으리라 생각했다. 그래서 대회 전에 함께 그림 그리는 연습을 했다. 그런데 정우가 크레파스를 칠할 때 자꾸 밑그림 밖으로 삐져 나가고 색칠도 완성도가 없어 어째 예쁘지가 않았다. 답답한 마음에 육아 전문가들이 하지 말라는 말만 골라서 한 것 같다.

"이게 뭐가 힘들어?"

정우가 학교에 가고 난 뒤 나는 아이가 그리다 만 그림을 똑같이 그려보았다. 그런데 쉽지가 않았다. 팔에 힘이 많이 들어가고 허리도 아픈 데다 내가 생각한 대로 그려지지도 않았다. 겨우 1학년 아이가 그림 한 장을 완성한다는 게 얼마나 큰 도전이었을까? 그런데 엄마라는 사람이 팔이 아픈 것도 몰라주고 핀잔만 하니 얼마나 당황스러웠을까? 미안함이 왈칵 몰려왔다.

이런 경험이 처음은 아니었다. 정우가 유치원에 다닐 때 인라인스케이트를 탔는데 꽤 잘 탔다. 정우는 나를 닮아 승부욕과 끈기가 있는 편인데 가끔 그런 면을 믿고 정도를 넘을 때가 있었다.

"조금만 더 속도를 내보자."

이런 말이 아이에게 부담이 된다는 걸 미처 깨닫지 못했다. 한번은 정우가 울상인 얼굴로 말했다.

"엄마는 아무것도 모르면서…."

그 말에 미안해져서 당장 아이를 데리고 집으로 왔다. 그리고 나도 인라인스케이트를 한 켤레 샀다. 아이를 이해하고 싶었기 때문이다. 운동신경이 꽝인 나에게는 힘든 과제였다. 엄마가 허둥거리고 넘어지는 모습에 아이가 까르륵 웃었다.

"그것 봐요. 엄마도 힘들지?"

정말 그랬다. 생각보다 쉽지 않았다. 그래서 그때부터 아이가 하는 모든 것을 가능한 한 함께하겠다는 생각을 했다.

진정한 변화는 정우가 스케이트를 그만두게 되면서부터 시작됐다.

정우는 유치원 때 인라인스케이트를 탔고, 초등학교에 입학한 뒤엔 쇼트트랙을 했다. 정우네 학교가 스케이트에 특화된 곳이기도 했다. 그때 나는 열정이 넘쳐흘렀다. 〈SKY 캐슬〉에서 엄마가 따로 없었다.

처음엔 애가 잘하는구나 싶어서 뿌듯했고, 훈련을 받을수록 나아지자 점점 욕심이 생겼다. 그래서 매일 지상 훈련을 받는 등 거의 선수처럼 생활했다. 재미로 시작한 스케이트였는데 훈련 강도가 세지니 정우도 힘들어했다.

"몸을 더 숙여야지. 코치님이 그렇게 하지 말랬잖아!"

나는 추위에 떨면서도 링크장을 지키며 정우에게 소리쳤다. 스케이트에 대해 잘 알지도 못하면서 말이다. 아이는 점점 흥미를 잃었고 훈련을 의무처럼 여겼다. 그러다가 결국 스케이트를 그만 타고 싶다는 소리가 나왔다. 이유를 물어보자 정우는 이렇게 대답했다.

"엄마는 스케이트 타본 적 없잖아요. 다리가 얼마나 아픈

스케이트의 훈련 강도가 세지자 정우는 힘들어하기 시작했다.
그럼에도 좋은 성적을 올려준 정우가 너무 고맙다.

데! 총을 '땅' 하고 쏠 때 얼마나 긴장되는데!"

심장이 쿵 내려앉았다. 내가 또 실수를 저지른 것이었다. 이러다가 애를 그르칠 수도 있겠다는 생각에 무조건 알았다고 했다. 그리고 12월에 나가기로 한 시합만 치르고 그만두기로 약속했다.

인간은 정말 망각의 동물인 걸까. 왜 같은 실수를 몇 번이나 반복하고 나서야 깨달음을 얻는 걸까. 어른에게 쉬운 일일지라도 아이들에겐 그렇지 않다. 그만큼 낯설고 경험치가 없기 때문이다.

"앞으로는 무조건 아이 눈높이에서 생각하고, 아이에게 뭔가를 시킬 때는 나도 같이하겠다."

아이의 눈높이에서 보자. 이 깨달음은 정말 많은 분야에 적용될 수 있다. 그날 이 다짐을 몇 번이나 했는지 모른다. 이제 막 배움의 길에 접어든 1학년 아이처럼, 나도 학부모가 되는 길에 접어들었다는 생각이 들었다.

정우가
하고 싶은 건 뭐야?

"엄마는 아무것도 모르면서…."

아이의 이 한마디에 나는 난생처음 스케이트를 타보게 됐다. 그러면서 아이가 어려움을 느끼는 부분에 대해 구체적인 이야기를 나눌 수 있었다.

"코너링이 잘 안 돼요!"

"엄마가 해보니까 코너링할 때 자세를 많이 숙이면 더 잘되더라."

내가 몸소 경험해봄으로써 "열심히 타다 보면 잘될 거야!" 같은 뜬구름 잡는 조언은 하지 않을 수 있었다. 아이가 하는 활동에 관심을 갖고 챙긴다면, 적어도 엄마는 아무것도 모른다는 소리는 피할 수 있다는 생각이 들었다.

같은 눈높이에서 생각하기 위해 모든 활동을 같이 하려던 것이 결국 같은 문제집을 두 권 사서 푸는 것으로 이어졌다. 아이가 문제집을 풀 때 나도 같이 푼다. 그리고 반 친구처럼 의견을 나누고, 때론 과외 선생님이 되어 가르쳐주기도 한다.

그렇게 초등학교 1학년 때부터 지금까지 함께 공부하다 보니 주위에선 아이 수능 볼 때 같이 봐도 되겠다는 이야기들을 하신다. 웃어넘기면서도 정말 그렇게 되면 어쩌나 싶기도 하다. 어찌 됐든 현재 정우는 운동이 아닌 공부를 하고 있다. 자기 스스로 운동보다는 공부를 하겠다고 했고, 내가 보기에도 그편이 잘 맞았다.

'내 아이는 어떤 사람일까?'

정우가 스케이트 타는 것이 싫다고 말했을 때 나는 자신에게 질문을 던져보았다. 아이를 올바른 방향, 행복할 수 있는 길로 이끌려면 아이가 어떤 사람인지 알아야 한다. 그래서 어느 날 직접 물어봤다.

"정우가 하고 싶은 건 뭐야? 뭐 할 때 제일 행복해?"

아이는 망설임 없이 단박에 대답했다.

"나는 책 읽고 공부하는 게 좋아요!"

그동안 아이의 행동에 비추어봤을 때 빈말이 아니었다. 운동하고 돌아오면 지칠 법도 한데 정우는 책을 붙들고 있는 날이 많았다. 그리고 엄마가 잠자리에서 책을 읽어주는 시간을 좋아했다. 또 두 번의 지능검사 결과를 봐도 그랬다.

정우가 여섯 살 때였다. 교육에 관심이 많았던 정우 친구 엄마가 정우 또래의 어린 아이들이 영재교육을 받을 수 있는 기관이 있다는 사실을 귀띔해주었다. 내가 살고 있는 곳은 교육열이 그리 높은 지역이 아니었기에 영재교육에 대한 이야기를 그때 처음 들었다.

친구 따라 강남 간다고 전문 영재기관에 테스트 신청을 했다. 검사 당일 시험장에 갔을 때, 후끈한 열기에 놀라서 왠지 주눅이 들었던 기억이 난다. 서울뿐 아니라 지방에서도 지능검사를 받기 위해 많은 아이들이 엄마 손을 잡고 올라왔다.

검사 결과, 정우는 언어 능력이 발달한 것으로 나왔고 지능이 상위 0.3퍼센트에 속한다고 했다. 내심 기분이 좋았지만 무얼 어떻게 해야 할지는 여전히 막막했다. 나는 당시 한창 일에 빠져 있었고, 워킹맘으로서 아이가 좋아할 만한 학원에 보내면 충분하다고 생각했다.

그 후에 SBS 〈영재 발굴단〉이라는 프로그램에 출연하면서 지능검사를 또 받게 됐다. 그때도 정우는 언어 영역에서 최고점을 받았고, 지능도 높은 것으로 나타났다. 한번 가르치면 다음 날 학교 시험에서 100점을 받아오는 걸 보면서 '얘가 집중력이 뛰어나고 공부를 하면 잘하겠구나' 하는 생각이 들긴 했다. 하지만 꼭 공부 쪽으로 나가야 한다고 생각하진 않았다. 당시 아이의 미래와 직업에 대한 나의 소망이 하나 있다면 바로 전문직을 갖는 것이었다. 공부가 아니더라도 한 분야에 뛰어난 능력을 갖추면 된다고 보았다. 그래서 우선 아이가 재능을 보이는 스케이트에 가장 열정을 쏟았던 것이다.

정우가 잘하고 좋아하는 것이 있다면 힘껏 밀어주겠다고 생각했는데 아이는 책을 읽고 공부하는 게 좋다고 밝혔고, 그 말이 나에게 나침반이 되어주었다. 정우 맞춤형 열혈 엄마의 탄생을 알리는 순간이었다.

모든 아이는
특별하다

정우가 영재원과 인연을 맺은 건 초등학교 2학년 때다. 교육청에서 주관하는 수학, 과학 융합 분야의 영재를 모집한다는 공지를 학교로부터 받았을 때 왠지 관심이 갔다. 영재란 무엇인가? 사전적으로 영재는 지능뿐 아니라 다양한 요인으로 정의될 수 있으며, 하나의 분야에서 뛰어난 재능을 가진 아동을 말한다. 그렇다면 영재원은 꼭 공부를 잘해서 간다기보다 아이가 가진 고유한 재능을 발견하고 키워주는 곳이 될 수도 있었다.

'영재원에선 무엇을 배울까?'

교육청 영재원 필기 시험날. 아이와 같이 시험보는 마음으로 교문 옆을 떠나지 못했다.

'외국 아이들처럼 둥그런 테이블에 둘러앉아 토론식 수업을 할까?'

나는 영재원의 교육 내용을 유심히 읽어보았다. 다양한 체험학습과 영재성 계발을 위한 수업을 받을 수 있다는 점이 큰 매력으로 다가왔다. 시험전형을 보니 연말에 필기시험과 구술면접이 진행된다고 나와 있었다. 특별한 지원자격은 없지만 정원이 있기 때문에 시험을 치러야 했다. 시험 준비를 어떻게 해야 할지 다소 막막했으나 관련 인터넷 카페에서 자료를 찾아보면서 나름대로 준비를 마쳤다. 그리고 무사히 영재원 시험에 합격했다.

처음으로 해보는 영재원 생활은 정우와 나에게 신선한 경험이었다. 정우는 격주 토요일마다 근처 공립 초등학교에서 오전에 3시간 정도 수업을 받았다. 매주 주제를 정해 팀별로 실험을 하고 견학도 갔다. 아이는 그 시간을 무척 즐거워했다. 상대성 원리, 신기한 자석 롤러코스터 만들기, 재미있는 수 퍼즐 등 그날 공부한 내용을 내게 들려주기도 했다.

만약 그때로 다시 돌아가더라도 나는 아이를 영재원에 입학시킬 것이다. 황금 같은 주말 시간을 투자해야 하긴 하지만, 정우는 공통 관심사가 있는 친구들끼리 토론하고 실험하던 그 시간을 참 좋아했다. 게다가 교육비도 전액 무료라 시키지 않을 이유가 없었다. 1년간 큰 만족감을 얻었기에 3학년 말에 다시 필기시험을 보았고, 4학년 때도 같은 과정의 영재원 수업을 들었다.

그러다 교육청뿐 아니라 대학에도 영재원이 있다는 걸 알게 됐다. 나는 나름대로 명확한 선택 기준을 가지고 있었다.

내 아이를 영재로 바라보면 영재가 된다

선행학습을 통해 영재고를 대비하기보다는 자기주도적인 학습이 이루어질 수 있는 커리큘럼과 분위기를 갖춘 곳을 선택하자는 것이었다. 좋은 곳이 많았지만 그중 고려대 영재교육원에 마음이 끌렸다. 정우가 훌륭한 교수님, 같은 관심사를 가진 친구들과 함께 더 넓은 세상으로 한발 나아가기를 바라는 마음으로 시험 준비를 시작했다.

대망의 시험 날. 같은 학년 지원자가 1,000명이 넘었다. 시험장 분위기는 수능일을 연상케 했다. 1차 시험은 필기, 2차 시험은 심층면접과 관찰수업으로 진행됐다. 1차 합격자 발표와 2차 최종 합격자 발표까지 약 두 달 동안 정우는 12년 인생 중 가장 뜨거운 시간을 보냈다. 하나의 목표를 향해 전력 질주한 그 시간은 정우뿐 아니라 나에게도 값진 시간이었다.

'상위 0.3퍼센트의 영재.'

이 타이틀을 얻게 된 것은 정우가 고대 영재원에 합격한 후 녹화한 방송 프로그램에서다. 이런 제목으로 방송이 나간 것을 보고 사실 부담스러웠다. 길거리에서 정우를 알아보는 사람들도 생겼다. 그분들은 한결같이 "네가 그 천재구나" 했다.

솔직히 그런 말을 들으면 어쩔 줄을 모르겠다. 사람들은 정우가 영재성, 천재성을 타고난 아이라고 생각한다. 하지만 그것은 오해다. 나는 정우가 그런 부류의 아이가 아니란 걸 잘 알고 있다. 영재원의 문을 두드린 것은 정우에게 보다 많은 기회를 주고 싶어서였다.

〈영재 발굴단〉은 정우와 내가 즐겨 보는 방송이다. 그 방송을 보다 보면 '천재란 저런 아이들이구나' 싶어지고, "어머, 쟤 좀 봐!" 하는 감탄사가 절로 나온다. 물론 그런 천재들이 부럽기도 하지만 나는 순수하게 감탄하는 쪽이다. 정우와 다른 아이들을 비교하지 않기 때문이다. 정우는 비록 천재는 아닐지라도 자신만의 잠재력과 장점을 가지고 있다. 그리고 나는 아이의 가능성을 믿는 엄마다. 방송 후 가끔 주위에서 이런 말을 듣는다.

"애가 똑똑해서 부러워요. 우리 애는 영재가 아닌데."

"우리 애는 다른 애와 비교해봤을 때 특별한 구석이 전혀 없어요."

　그때마다 조심스럽게 물어보고 싶었다. 혹시 아이의 가능
성을 너무 미리 막아버린 것은 아닌가 하고 말이다. 아이의
잠재력은 무궁무진하기에 성급히 판단하고 결론지어선 안
된다. 세상의 모든 아이는 특별하다. 그리고 내 아이의 특별
함을 발견하고 그것이 자라나게 해주는 것이 부모의 몫이라
고 생각한다. 아이가 자기 입으로 무엇을 좋아하고 잘할 수
있는지 말해주지 않더라도 사랑의 눈으로 관찰하면 발견할
수 있을 것이다.

나만의 기준으로
중심을 잡아라

어느 날 역사 수업에서 돌아온 정우가 말했다.

"엄마. 오늘 어떤 애가 나한테 '영재가 이것도 틀려?' 라고 했어요."

방송 출연 후 아이에게 붙은 영재 타이틀이 부담스럽지 않을까 조마조마했는데 결국 이런 소리를 듣게 됐다. 속상한 마음에 괜찮은지 물어보자 아이는 태연한 얼굴로 말했다.

"아는 문제였는데 실수한 거니까 괜찮아요. 다음에 잘하면 되죠."

아이는 어느새 한 뼘 더 자라 있었던 모양이다. 그제야 안

심이 됐다.

'외부의 평가와 시선에 휘둘리지 않기.' 요즘 내가 자주 하는 생각이다. 우리를 잘 모르는 사람들의 시선을 받으면서 솔직히 마음이 무거웠다. 하지만 천재가 아닌 아이를 천재로 만들기 위해 노력할 수도 없다. 중요한 건 정우와 함께 노력하고 있다는 것이며, 그걸로 충분하다.

물론 나도 중심을 잡기까지 많은 시행착오를 겪었다. 스케이트를 그만두고 난 뒤엔 주변에서 들리는 이야기에 많은 관심을 가졌다. 이번에 누가 시험에서 100점 맞았다더라, 그 아이가 다니는 학원이 대치동 어디에 있다더라 같은 소리 듣고 기어코 정보를 얻어내서 찾아가 보기도 했다. 그런데 막상 등록을 하려고 보니 '굳이 그럴 필요 있을까?' 싶은 마음에 주저하게 됐다. 아직 저학년 어린 아이를 벌써부터 입시의 최전방으로 내보내고 싶지 않았다. 또 강남까지는 왕복 2시간이나 걸리기에 시간을 너무 많이 뺏겼다. 차라리 그 시간에 책을 한 권 더 읽게 하고 운동을 하게 하는 편이 나았다. 그래서 정우에게 맞는 계획을 짜서 효율적으로 공부하게 하자는 방향으로 마음을 굳혔다.

학원에서 주최하는 교육설명회만 가보아도 얘기를 듣다 보면 당장 등록을 해야 할 것 같다. 그런데 시행착오를 겪으면서 정보를 분별하는 힘이 생겼다. 사람들에게 휩쓸리다 보면 아이도 나도 힘들어진다. 내 소중한 아이가 그야말로 희생양이 되는 것이다. 그래서 여러 경로를 통해 충분한 정보를 얻되 정우에게 맞는 것을 추려서 적용하고 있다.

영재원 생활은 상급 학교에 진학하는 데 도움이 되는 경력이 아닐 수도 있다. 과거엔 도움이 됐으나 요즘엔 영재원 타이틀이 생활기록부에 올라가지 않는다. 그러나 정우가 영재원에 가는 이유는 다양한 교육의 기회를 얻기 위함이기 때문에 상관없다고 생각한다.

학창 시절의 나는 단순히 대학 진학을 목표로 공부했다. 그러다 보니 학과가 적성에 맞지 않아 학업에 흥미가 없었고, 대학을 졸업하고 나서는 뭘 해야 할지 알 수 없었다. 뒤늦은 사춘기를 겪었다고나 할까. 그래서 정우에겐 자신이 하고 싶은 게 뭔지 알게 해주고 싶다. 대학에 다니면서 "엄마, 나 정말 하고 싶은 게 뭔지 모르겠어요" 하는 말이 나오지 않도록, 선택을 해야 하는 순간에 자신이 좋아하는 일을 주저 없이 고를 수 있도록 말이다.

나는 교육설명회나 세미나에 자주 참석해서 정보를 얻는 편이다. 그런 자리는 보통 오전에 마련되기에 참석하려면 무척 바쁘게 움직여야 한다. 대치동의 한 학원에서 설명회가 있던 날, 아침부터 비가 내렸고 몸도 피곤해서 갈까 말까 고민했다. 큰 맘 먹고 집을 나서면서 비가 와서 반도 안 찼으리라 예상했는데 웬걸! 강당은 빈자리를 찾기 어려울 만큼 사람들로 빽빽했다. 간신히 자리를 하나 찾아 앉으니 정신이 번쩍 나고 허리가 꼿꼿하게 펴졌다. 그때 강사님이 이런 말씀을 하셨다.

"아이가 아직 초등학생일 때는 결과에 너무 연연하지 마세요. 실패해도 괜찮은 시기입니다. 크고 높아 보이는 목표라도 아이를 믿고 도전할 기회를 주십시오."

마음에 와닿는 말이라 수첩에 적어두고 가끔 펼쳐 읽어본다.

정우는 꿈이 자주 바뀐다. 무엇이든 꿈꿀 수 있는 나이이니 그럴 만도 하다고 생각한다. 얼마 전에는 드라마 〈허준〉

드라마 〈허준〉을 본 후, 허준박물관에 방문해보았다.

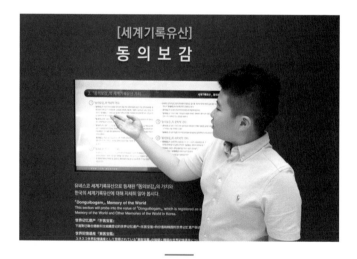

동의보감에 대해 설명하는 모습을 동영상으로 보관하였다.

내 아이를 영재로 바라보면 영재가 된다

을 보더니 훌륭한 의술을 펼치는 사람이 되고 싶다고 했다. 의사가 되는 데 필요한 어마어마한 공부량에 대해 알려주었다면 당장 꽁무니를 뺐을지도 모르지만 "그래, 정우는 무엇이든 될 수 있지"라고 격려해주었다.

나도 가끔 아이가 무엇이 될지 궁금하다. 정우는 운동을 하다가 현재는 수학·과학 중심의 공부를 하고 있고, 언어 쪽에도 관심이 많은 편이다. 끼가 없다고 생각했는데 엄마·아빠를 닮아 내재된 끼가 있는 것 같기도 하다. 아직까진 아이를 다 모른다고 해야 정답일 것이다.

어느 방향이든 아이의 진로가 정해지면 최선을 다해 밀어줄 계획이다. 지금은 다양한 경험을 해보며 어떤 길로 나가야 할지 탐색할 시기이니 마음껏 두리번거리려 한다. 물론 나만의 기준과 중심은 잃지 않으면서 말이다.

엄마를 친구처럼 생각하는
아이로 만들라

정우가 학교 숙제로 수학 문제를 만든 적이 있다. 스토리텔링 수학이라 이야기를 만들어서 문제를 내는데 정우와 내가 주인공으로 등장했다. 문제는 이렇게 시작됐다.

'정우와 재은이가 할머니께 드릴 추석 선물 세트를 사러 시장에 갔습니다.'

엄마도 아니고 재은이라니, 어이가 없어서 웃었던 기억이 난다.

가끔 정우는 나를 자기 친구나 누나처럼 여긴다. 일단 내가 정신연령이 그다지 높지 않고 정우는 어른스러운 면이 있다. 그래서 적정한 지점에서 수준이 딱 맞아떨어지는 것 같다. 또 공부나 운동 등 함께하는 것이 많아 잘 통하는 편이다.

나의 어린 시절, 엄마는 자식 교육에 열정적이셨고, 딸에게 거는 기대가 크셨다. 그 기대를 깨뜨리고 싶지 않아서 나는 엄마에게 좋은 모습만 보이려고 했다. 자연스럽게 나는 혼자서도 잘하는 아이로 각인됐다. 그러다 보니 정말 필요한 순간에 혼자 끙끙 고민만 하다가 도움을 청하지 못했다.

중학교 2학년 즈음, 학교에서 나의 성적은 최상위권이었다. 엄마는 내게 외고에 진학하라고 하셨다. 중2 때 받은 성적 정도면 너끈히 합격할 줄 알았다. 그런데 중3이 되고부터 점점 뒤처지기 시작했다. 나를 앞서간 친구들은 이미 외고 입시에 도움이 되는 선행학습과 과외를 하고 있었다. 당시 나는 외고 진학 시험을 준비하려면 무엇을 공부해야 하는지도 알지 못했다. 외고 시험을 치르려고 하는 아이들은 성문종합영어까지 몇 번씩 반복하며 대비하는데, 나는 교과서 위주로 공부하며 내신에 신경 썼다. 결국 도저히 엄두가 나지 않아서 시험을 치르지 않고 포기해버렸다. 만약 합격하지 못한다면 그 결과를 감당할 자신이 없었기 때문이다. 현실에 부딪혀 꿈을 접은 첫 번째 순간이다.

그때의 기억 때문일까. 나는 정우에게 도움이 되는 것은 무엇이든 해주고 싶다. 만약 정우가 공부에 관심이 없고 축구 선수가 되고 싶다고 한다면 그쪽으로 열렬히 지원해주었을 것이다.

아이가 무엇을 좋아하지? 어떤 강점과 약점이 있지? 성격은 어떤 편이지?

이런 것들을 꿰지는 못하더라도 어느 정도는 알고 있어야 한다. 그래야만 중요한 순간에 엄마로서 꼭 필요한 도움을 줄 수 있다. 그래서 나는 아이와 친구처럼 지내려고 노력한다.

정우가 4학년 때 있었던 일이다. 학교에서 돌아온 아이가 한자 쪽지시험 본 걸 내미는데 좀 이상했다. 틀린 답을 지우고 다시 쓴 뒤, 작대기를 동그랗게 만들어 온 것이다. 나도 그런 경험이 있다. 우리 엄마는 내가 시험지를 고친 걸 모르셨는데 나는 아이가 고친 걸 바로 알아챘다. 나는 엄마한테 항상 잘하는 모습을 보여주고 싶었고, 실망시켜드리고 싶지 않았다. 정우도 나와 같은 마음이었던 것일까?

화가 나기보다는 걱정이 됐다. 만약 내가 시험지를 고쳤다는 걸 우리 엄마가 알았더라면 내가 혼자서도 잘하는 똑똑한 딸이 아니고 관심과 도움이 필요한 아이란 걸 눈치채셨을 것이다. 나는 평소와 다르게 정우를 따끔하게 혼낸 뒤 달래주었다.

"정우야. 엄마도 어렸을 때 할머니 모르게 감쪽같이 시험지를 고친 적이 있어. 그런데 그때 솔직하게 말하고 도움을 청했더라면 엄마는 더 잘됐을 거야. 할머니한테 솔직하게 점점 말을 하지 못하니까 결국 필요할 때 할머니 도움을 못 받게 되더라. 그러니까 정우는 엄마한테 숨기지 마. 좀 틀려도 괜찮아. 엄마는 너를 혼내는 사람이 아니라 도와주는 사람이야. 네가 뭘 틀렸는지 알아야 다음에는 틀리지 않게 같이 공부할 수 있잖아. 무슨 말인지 알겠니?"

내 간곡한 부탁에 아이는 다신 그러지 않겠다고 약속했다.

그날 밤엔 머리가 복잡해서 잠이 오지 않았다. 내가 너무 결과에 집착하는 엄마 같았나? 못하면 혼내는 무서운 엄마로 비쳤나? 아이가 엄마에게 말하는 걸 겁내는 건 내가 가장 피하고 싶은 일이었다.

엄마로서 엄한 면을 보여야 하는 순간도 있지만 친구처럼 편안한 모습도 잃지 말아야 한다는 것, 참 어려운 중심잡기다. 항상 친구처럼 편하게 지낸다고 생각했는데 아직 부족했던 모양이다. 더 노력하는 수밖에 없다. 무엇을 하든, 엄마가 아이 상태를 정확하게 알지 못하면 백전백패이기 때문이다.

그즈음 정우가 한 말이 인상적이었다.

"엄마, 1학년 때 친구들이 나를 괴롭힌 적이 있어요. 그때 혼자서 울었는데 너무 어려서 무슨 감정인지 몰랐거든요? 근데 3년이 지나고 보니까 그 감정이 뭔지 알겠어. 그건 외롭다는 느낌이었어요."

아이와 항상 붙어 있고 모든 것을 나눈다고 생각했는데 혼자 그런 감정을 느끼고 있었다니, 마음 한쪽이 저릿하게 아파져 왔다. 그리고 그런 이야기를 털어놓는 아이가 무척 고마웠다.

물론 아이가 크면서 나와의 관계도 조금씩 변할 것이다.

내 아이를 영재로 바라보면 영재가 된다

스쿨버스에서 내리자마자 그날 있었던 일을 털어놓는 수다쟁이 아들이 성교육을 받고 온 날엔 조금 달랐다.

"선생님이 뭐라고 하셨는데? 엄마한테 얘기해주면 안 돼?"

내가 치근덕대도 아이는 쑥스러워하며 웃기만 했다.

자랄수록 정우는 엄마에게 말하지 않는 것이 많아지고 비밀을 만들지도 모른다. 그땐 수다쟁이 아이가 그리워질 것이다. 그래도 아들이 이것만은 기억해준다면 좋겠다. 엄마는 언제나 너와 눈을 맞추고 이야기할 준비가 되어 있는 사람이란 걸 말이다.

성취의 습관,
내 아이의 자존감이 되다

나는 어린 시절부터 열정이 무척 많고 최선을 다하는 성격이었지만, 항상 잘해야 한다는 압박감이 있었다. 그러나 이러한 압박감은 성장의 원동력이 되지 못한다. 결과만 중시하는 분위기에서 자라다 보면 의미 있는 시도를 해볼 가능성도 막혀버린다. 그런 점에서 "부끄러운 성공보다 좋은 실패를 택한다"라는 두산 창업주 박두병 회장의 말씀은 나에게 생각할 거리를 던졌다.

어디선가 재미있는 실험을 본 적이 있다. 피아노를 한 번도 쳐본 적 없는 아이들을 두 그룹으로 나눠 몇 달간 피아노를 가르치고 실력을 비교해보았다. 매주 같은 시간 레슨을 받고, 그 외 시간엔 피아노를 치지 않았다. 그런데 실험 결과 한 그룹의 실력이 월등히 좋았다고 한다. 그 차이는 목표 설정과 관계가 있었다. 한 그룹은 지역 피아노대회 출전을 목표로 했고, 다른 그룹에는 목표가 주어지지 않았던 것이다. 이렇게 같은 시간 동안 노력해도 목표가 있는 것과 없는 것은 큰 차이를 만들어낸다. 그래서 나는 항상 목표를 높게 설정하는 편이다. 물론 '좋은 실패'의 가능성도 늘 염두에 두고 있다.

달리기를 할 때 5등을 목표로 달리는 것과 1등을 목표로 달리는 것은 결과적으로 차이가 있다. 5등을 목표로 하면 자신의 능력을 100퍼센트 발휘하지 못한다. 커다란 목표를 향해 달리다 보면 자신을 한 번씩 뛰어넘게 된다. 그리고 작은 성공의 경험들이 쌓여 자신감을 만든다. 일단 '나도 노력하면 할 수 있구나!' 하는 마음을 갖게 되면, 다음 목표를 설정해서 나아가기가 쉬워진다. 처음엔 달성하기 쉬운 목표부터 시작해 아이가 성취감을 경험하게 하는 것도 좋다. 성취감을 한번 맛본 아이는 자신감을 갖게 되고 더 높은 목표를 향해 달릴 수 있게 된다. 성취도 일종의 습관이기 때문이다.

정우는 '나는 노력하면 잘할 수 있다'라는 믿음이 있고 자존감도 높은 편이다. 어떤 일의 결과가 좋으면 노력 덕분이라고 생각하고, 반대의 경우엔 노력을 덜 했기 때문이라고 생각한다. 달리기 시합에서 평소와 달리 2등으로 들어온 날엔 이렇게 얘기했다.

"엄마. 달리기를 할 때는 앞만 보고 달려야 하는데 오늘따라 옆 친구가 얼마나 왔는지 궁금해서 보느라 늦어졌어요. 다음부턴 앞만 보고 달리려고요."

나는 왜 못할까 한탄하거나 자기 실수에 대해 지나치게 자책하지도 않는다. 내가 못하는 사람이라 2등을 한 게 아니라 이러이러한 원인 때문에 2등을 했다고 스스로 냉정하게 평가한다. 정우는 자신이 수학·과학과 비교해 영어 실력이 부족한 것에 대해서는 이런 분석을 내놨다.

"수학은 어렸을 때부터 열심히 했으니까 당연히 잘하지. 하지만 영어는 그만큼 열심히 하지 못했어. 난 영어유치원도 안 나왔고 다른 애들처럼 학원도 많이 안 다녀서 영어가 약한 거야. 그래도 영어 듣기평가에서 은상을 탄 거 보면 그렇게 못한 것도 아니야. 앞으로 더 노력하면 잘할 수 있다고 생각해."

수학의 경우에도 그렇다. 학년이 올라갈수록 문제가 길어진다. 아무리 수학을 잘해도 문제를 정확하게 이해하지 못하면 틀릴 수밖에 없다. 정우는 독서량이 풍부하지만 그동안은 눈으로만 문제를 봤다. 그래서 어느 날 넌지시 말해주었다.

"시험지가 정말 깨끗하네. 문제에 표시를 하고 식을 쓰면서하면 더 좋았을 텐데…. 그래도 이 정도면 잘한 거 아니야?"

내 말을 들은 정우는 자신이 많이 틀린 원인을 분석하고대안을 내놓았다.

"앞으로 긴 문제가 나오면 연필로 3등분을 해놓고 이해해야 할 것 같아요. 풀이 과정 식도 적고요."

"그래, 좋은 생각이다."

달리기, 피아노 치기, 수학 시험, 영어 듣기평가, 그림 그리기 등 무엇을 하더라도 목표가 있으면 결과가 달라진다. 목표를 달성하려는 의지가 발동하면 '이걸 어떻게 해야 더잘할 수 있지?' 하는 전략을 세우게 된다. 그 전략 덕분에오히려 힘을 덜 들이고 큰 결과를 얻게 되기도 한다.

교내 미술대회라는 목표를 잡고 노력했더니 최우수상이라는 좋은 결과를 얻을 수 있었다.

나는 6~13세 아이들은 목표를 높이 잡는 게 필요하다고 생각한다. 이 과정에서 노력의 가치를 알게 되고 성취의 습관이 몸에 배 자신감을 얻게 된다. 또한 실패를 다루는 자세가 달라진다. 실패를 할 경우, 성취감을 맛본 적이 있는 아이는 '난 원래 할 수 있는 사람이야. 이번엔 이런 방법으로 더 노력해봐야지' 하고 생각하지만, 성취감을 느껴본 적이 없는 아이는 '역시 나는 안 돼' 하고 자존감이 떨어진다. 이는 공부뿐 아니라 삶 전반에 큰 영향을 미치기에 중요하게 다루어야 할 부분이라고 본다.

내 아이를 영재로 바라보면 영재가 된다

엄마의 자신감은
정보력에서 나온다

세상은 혼자 살 수 없다. 아이를 키울 때는 특히 그렇다. 곁에 사람이 없으면 꼭 필요한 정보를 얻지 못할 수 있다. 나의 경우 외고에 진학하려고 했을 때, 수능대입시험 체제로 바뀌었을 때 정보가 확실히 부족했다.

또래 엄마들과 활발하게 교류하다 보면 많은 이야기가 오간다. 그중에는 '카더라'도 있고 보석 같은 정보도 있다. 옥석을 가려내는 건 나중 일이다. 중요한 건 내가 정보를 가지고 있다는 것이다. 알고 안 하는 것이 모르고 안 하는 것보다 낫다고 생각한다. 어쨌든 알아야만 자신감 있는 육아를 할 수 있기 때문이다.

이번에 새로 바뀐 교육과정이 어떻더라, 어느 학원이 잘 가르친다더라, 이런 음식이 아이 성장에 도움이 된다더라 같은 정보는 엄마들과의 교류를 통해 얻을 수 있다. 그래서 나는 몸이 피곤하거나 바쁠 때라도 누가 불러주면 시간을 쪼개서 나가는 편이다.

또 한 학년이라도 앞서 있는 아이의 엄마들에게는 분명히 배울 점이 있다고 생각한다. 그래서 만나게 되면 꼭 "그때 했어야 하는데 못 해서 후회되는 것이 있으세요?"라는 질문을 한다. 최근엔 아이가 6학년이 된 엄마에게 같은 질문을 했는데 재미있는 말씀을 하셨다.

"정우 지금 운동 뭐 해요? 이왕 할 거면 배드민턴 시켜요. 우리 애는 배드민턴을 못 쳐서 아주 난감했어."

그분 덕에 6학년 땐 배드민턴이 수행평가 항목에 들어간다는 정보를 얻게 됐다. 소소한 것이라도 미리 알아두면 도움이 된다. 최근 남편에게 정우와 짬짬이 배드민턴 좀 치라고 부탁해두었다.

나도 엄마들과 친해지는 게 쉽진 않았다. 방송인이었던

사람이라 혹시 부담스러워하진 않을까 하는 혼자만의 생각으로 거리를 두었다. 지금 생각하니 너무 겁을 낸 것 같다. 내가 먼저 다가가고 마음을 여니 상대편도 마음을 열었다.

내가 벽을 깨기 힘들었던 것처럼 대부분 워킹맘이 비슷한 고민을 하는 듯하다. 그러나 내가 다가가지 않으면 누구도 먼저 연락하지 않는다. 아이를 위해서라도 사람들과 교류하려는 노력을 해야 한다. 엄마가 소외되면 아이에게도 영향이 미친다. 아이가 어릴수록 특히 그렇다.

만약 같은 반 엄마들과 무언가 함께 준비해야 하는데 워킹맘이라 또는 다른 일정이 바빠 참여하기 어렵다면? 피하지 말고 내가 할 수 있는 선에서 준비하도록 노력해야 한다. 퇴근 후에 내가 이러이러한 것을 준비하겠다, 이번에는 어렵지만 다음번엔 꼭 참여하겠다고 말해보자. 그럼 어울리지 못할 이유가 없다.

미리 인심을 쌓아두는 것도 좋은 방법이다. 요즘처럼 바쁜 세상에 엄마들 간 상부상조는 필수 덕목이다. 내가 바쁠 때 정우 픽업을 부탁하고, 다른 엄마가 바쁠 때는 내가 준비물을 대신 챙기면서 서로 돕는다.

또한 엄마들과 함께하면 아이를 키우는 데 활력과 에너지가 생긴다. 내가 아는 한 열혈 엄마는 전화해서 어디냐고 물어보면 열에 여덟은 "자기야, 나 지금 설명회야. 이따 전화할게" 한다. 서로 바빠서 얼굴은 자주 못 보지만, 그런 사람을 알고 있다는 것만으로도 자극이 되고 나도 열심히 해야겠다는 생각을 하게 된다.

정우가 고대 영재교육원 시험 준비를 할 때 자료를 찾기가 어려웠다. 인터넷에서 검색해봐도 구체적인 정보가 없어서 막막했다. 그러던 차에 아는 엄마가 그곳에 합격한 아이를 알고 있다고 이야기해주었다. 정확히 말해 세 명을 거쳐야 연락이 닿을 수 있는 분이었다. 어렵게 연락처를 구해서 전화를 걸었다.

'모르는 사람이 정보를 얻겠다고 전화를 건 것을 무례하게 여기면 어쩌지?' 하는 내 걱정과 달리 전화기 너머의 목소리는 부드럽고 친절했다. 아이 때문에 애쓰는 내 정성을 가상하게 여겨주신 듯했다. 그분은 내가 궁금해하는 것들에 답해주시고, 필요한 자료들도 추천해주셨다.

내가 고마움을 갚을 기회도 머지않아 찾아왔다. 그 아이의 동생이 교육청 영재원 준비를 하고 있다며 도움을 줄 수 있느냐는 연락이 온 것이다. 나는 정우가 보았던 책과 기출 문제집 등 도움이 됐던 자료들을 모두 보내주었다. 얼마 뒤 아이가 영재원에 합격했다는 연락이 왔다.

아이를 키우면서 나는 참 용감해졌다. 예전의 나는 3단계를 거쳐야 연락이 닿을 수 있는 사람이라면 금방 포기했을 텐데 정우를 위한 일에선 포기가 되지 않았다. 내가 용기를 내서 민지 다가가지 않았더라면 얻지 못했을 정보다. 그리고 그것이 정우에게 도움이 되어서 기쁘다.

엄마는 최고의
학습 매니저다

"그냥 평상시 하던 대로 해주시면 돼요!"

집 안 구석구석에 카메라를 설치한 〈둥지탈출〉 제작진은 그 말을 남기고 방으로 숨어버렸다. 정해진 주제도 대본도 없었다. 카메라가 지켜보고 있다고 생각하니 왠지 부담스러웠다.

방송이 나간 뒤 뜻밖에 많은 관심을 받았다. 인터넷에 기사가 실리고 방송 누적 뷰가 올라갔으며, 개인 인스타그램 계정엔 엄마들의 질문이 쏟아졌다. 며칠은 어안이 벙벙했다.

사실 우리는 〈둥지탈출〉에 출연할 계획이 없었다. 더 정확히 말해 정우를 방송에 출연시킬 생각이 없었다. 남편한테 부부가 출연하는 방송 섭외가 왔다기에 마침 아이 방학이기도 하고 남편 일도 도울 겸 나가기로 했다. 그런데 알고 보니 남편이 프로그램 이름을 착각했던 거다. 이미 출연하겠다고 말한 뒤라 취소할 수도 없었다.

촬영 당일, 나는 작가님과 PD님에게 정우가 방송을 타는 것이 걱정스럽고 관찰 예능은 처음이라 낯설다고 하소연했다. 나에게 돌아온 대답은 '그냥 평소 모습대로 행동하면 된다' 라는 것이었다. 집에 카메라가 설치되는 걸 보고 있자니 마음이 심란하고 남편이 약간 미워졌다.

그동안의 모습을 떠올려보면 남편은 카메라가 있든 없든 자기 마음대로 행동할 사람이다. 정우도 아직 어린 아이라 말하고 행동하는 데 꾸밈이 없다. 그럼 나는 어떻게 해야 할까? 이왕 이렇게 된 이상 나도 '100퍼센트 리얼' 한 정우 엄마의 모습을 보여주는 수밖에 없다는 결론을 내렸다.

이른 아침부터 우리 가족의 리얼한 일상이 펼쳐졌다. 방송용으로 특별한 음식을 준비하거나 예쁘게 세팅하지도 않았다. 그냥 우리 가족이 평소 먹는 대로 두부 청국장, 깻잎, 견과류 멸치볶음, 고등어구이, 달걀, 김치로 밥상을 차렸다. 또 정우가 공부하는 모습도 있는 그대로 보여주었다. 방송을 보고 놀란 것 중 하나는 정우와 내가 시행착오를 겪으면서 만든 것이지만 정확히 무엇이라고 정리하지 못한 정우만의 학습법과 학습 환경이 한눈에 들어왔다는 것이다. 제작진은 그것을 '12세 정우의 명문대 영재교육원 합격 비법'이라고 이름을 붙여주셨다.

"응원해요. 교육 정보 많이 알려주세요. 팔로우 신청합니다."

"워킹맘인데 부족한 엄마라 아이에게 항상 미안해요. 저도 정우 엄마처럼 완벽한 엄마가 되고 싶어요."

인스타그램을 통해 많은 엄마의 관심과 응원을 받았다. 감사했다. 그리고 부끄러웠다. 이런 말을 듣고 어떻게 부끄럽지 않을 수 있을까? 나는 완벽하지 않다. 남편에게는 아직도 집안일에 서툰 아내이고, 정우에게도 늘 좋은 모습만 보여주지 못한다. 다만 아이를 위해 매일 노력할 뿐이다.

많은 분이 내가 온종일 정우 곁에서 모든 것을 함께하는 모습을 신기해하셨다. 그런 이야기를 듣고 나서야 수긍하게 된 건데, 나는 아무래도 정우 매니저인 것 같다. 슈퍼스타의 열혈 매니저처럼 어떻게 하면 정우가 더 즐겁고 효율적으로 공부하고 몸도 마음도 건강해질까 고민하기 때문이다. 아이의 24시간을 밀착 관리하고 있으니 매니저가 아니면 무엇이란 말인가.

정우가 공부하면 나도 공부하고, 정우가 책을 읽으면 나도 읽는다. 아이의 리듬에 맞춰 생활하기 위해 정우가 집에 있으면 최대한 집안일을 하지 않는다. 그 시간도 쪼개서 정우에게 쓰고 싶다. 남편이 들으면 혀를 찰지도 모르지만 그것이 나의 솔직한 심정이다.

'시간 효율적으로 쓰기'는 내가 가장 중요하게 여기는 부분이다. 방송에서 정우가 영어 기사를 읽고 레시피를 말해 주면 내가 요리하는 부분이 나왔는데, 이것도 점심 준비와 영어 공부를 함께 하면서 시간을 절약하기 위함이었다. 이 것 말고도 내가 신경 쓰는 것은 셀 수 없이 많다.

자, 그럼 지금부터 방송에서 다 보여주지 못했던 정우 매니저의 24시간을 가감 없이 공개하겠다.

정우
매니저의
하루

🕕 **6시**

보통 7시에 일어나지만 시험 기간에는 1시간 전쯤에 일어난
다. 그날 시험 보는 과목의 요약노트를 만들어주기 위해서
다. 쉬는 시간에 노트를 보면서 복습하면 좋을 것 같아 시작
하게 됐다. 열심히 노트를 정리하고 있으면 남편이 화장실
가다가 보고 놀란다. 그리고 한마디 툭 던진다. "당신 나중
에 수능시험 봐도 되겠다."

🕖 **7시**

보통 내가 일어나는 시간이다. 아침 1시간은 밥하고 정우가
미처 챙기지 못한 준비물도 다시 한 번 챙기고 일인다역을
하느라 눈썹이 휘날릴 만큼 바쁘다. 지금은 군말 없이 도와
주지만 예전에 남편은 잔소리가 심했다. "준비물은 미리 챙

겨놓고 쌀도 불려놓으면 아침에 편하잖아!" 그걸 누가 모를까. 애 재우다 보면 나도 피곤해서 같이 잠이 들어버리는 걸 어쩌란 말인지.

🕗 8시 20분

정우를 학교에 보내고 나면 엄마들과 통화하기 좋은 타이밍이다. 정우를 학교에 내려주자마자 아는 엄마에게 전화를 걸어 아이 얘기, 학교 얘기를 하며 잠시 수다를 떤다. 그리고 집에 와서 정우가 먹다 남긴 반찬에 아침을 먹는다. 그리고 12시까지 설거지, 개인 업무, 장보기, 메뉴 구상 등을 한다. 장을 볼 때는 제철 음식인지, 어떤 영양소와 효능이 있는지 검색하면서 재료를 고른다. 할 일이 많을 땐 정말 쉴 틈 없이 움직인다.

🕛 12시

이제 잠시 쉴 시간이다. 알람을 30분 뒤로 맞춰두고 이불 속으로 파고든다. 2~3시간씩 자면 오히려 더 피곤하고 시간도 없기 때문에 이렇게 쪽잠을 잔다. 딱 30분 자고 눈을 뜨면 정신도 맑아지고 에너지가 생긴다.

🕐 12시 30분

지금부터 정우 하교 시간까지는 정우가 자율학습 할 것을
준비하는 시간이다. 오늘 읽기로 한 책의 줄거리와 서평을
미리 읽어두고, 교과과정과 연결해서 볼만한 책이 있는지
점검한다. 그래야 아이가 읽을 때 함께 대화할 수 있다. 그
리고 오늘 몫의 문제집을 미리 풀어본다. 예전엔 빨리 끝났
으나 고학년이 될수록 점점 시간이 많이 걸린다.

준비가 끝나면 오늘 자습에 필요한 교과서, 문제집, 책을 정
우 방 보조 책상 위에 올려둔다. 그런 다음 간식을 만들고 저
녁 식사 준비를 어느 정도 해놓는다. 정우가 도착할 즈음엔
커피나 에너지 드링크를 마시며 다시 활력을 끌어올린다.

🕐 3시 20분

셔틀버스를 타고 하교하는 아이를 마중 나간다. 그리고 간
식을 먹인 다음 학원에 데려다준다. 정우가 학원에서 수업

을 받는 동안 나는 근처 서점으로 간다. 문제집 코너에서 괜찮은 것이 있는지 점검하고, 읽고 싶은 책을 읽는다. 학교 준비물이 있으면 그 시간에 사러 간다. 자투리 시간을 알차게 보내려고 노력하고 있다.

🕖 7시

정우와 함께 집으로 돌아와서 저녁 준비를 마저 한다. 나는 그때가 제대로 먹는 첫 끼이고, 정우도 하루 동안 소진된 체력을 회복해야 하므로 푸짐하게 준비해서 먹는다.

🕗 8시

먼저 숙제를 마치고 영어, 수학, 컴퓨터 등 그날 시간표에 적힌 것을 한다. 나도 아이와 함께 앉아 공부하거나 지켜본다. 자습은 정해진 시간표에 따라 2시간 동안 진행되지만 학교 시험이나 영재원 시험, 각종 대회 등 특별한 일정이 있을 때는 조금씩 변동된다.

🕙 10시

밖으로 나가서 줄넘기를 하고 상쾌하게 샤워한다.

🕚 11시

오늘 학교에서 있었던 일, 친구 이야기, 내일 일정 등에 대해 잠들기 직전까지 수다를 떤다. 그날 배운 영어 단어와 한자에 대해 물어볼 때도 있다. 엄격한 확인이 아니라 수다의 일부로 넌지시 물어보는 형태다.

🕛 12시

정우가 잠이 들고 나면 일정을 다시 체크하고 필요한 것이 있으면 준비해둔다. 그런 다음 미루고 미뤄둔 집안일을 하려고 하는데 물먹은 솜처럼 몸이 무거워진다. 설거지하는 30분도 아까워서 정우에게 집중하다 보니 어쩔 수 없다. 잠결에 남편이 달그락거리며 설거지하는 소리가 들릴 때가 있다. 미안한 마음도 있지만 못 들은 척 잠을 청한다. 내일도 정우 매니저로 살려면 에너지를 충전해야 하기 때문이다.

엄마는 언제나 너와 눈을 맞추고
이야기할 준비가 되어 있는 사람이란 걸
아이가 알아줬으면 한다.

헝가리의 교육심리학자 라슬로 폴가는 일부러 딸들이 보는 앞에서 체스를 정말 재미있게 두었다. 그리고 호기심을 보이면 "참으렴. 이건 어른이 되어야 할 수 있단다"라는 말로 안달이 나게 했다. 결국 아이들은 체스가 하고 싶어서 울기까지 했고, 그제야 조금씩 알려주기 시작했다고 한다. 이렇게 흥미와 재미를 유발하는 것이 부모의 역할이 아닐까?

· 2장 ·

아이와 함께 완성한 엄마표 학습법

내 인생의
마지막 학생을 만나다

"정우와 같은 문제집을 푸는 것을 보고 놀랐습니다. 5학년 수학이면 꽤 어려울 텐데 정말 대단하세요. 혹시 수학을 전공하셨나요?"

〈둥지탈출〉에서 같은 문제집 두 권을 사서 푸는 모습을 보고 누군가가 한 얘기다. 방송인인 줄로만 알았는데 교육 쪽에서 일한 적이 있느냐, 언제까지 아이를 직접 가르칠 계획이냐 등의 질문도 많이 받았다.

나는 한때 과외 선생님이었다. 그 경험이 정우를 가르치는 데 많은 도움이 되고 있다. 사실 나는 수학 전공이 아니다. 요즘 아이들 수학은 초등학생용이라 해도 무시하기 어려울 정도로 까다로운 문제가 꽤 나온다. 그래서 정우를 가르치려면 백조처럼 겉으로는 우아하게 수면 위를 노닐지만 수면 아래에선 빠르게 발을 움직여야 한다. 언젠가 정우가 엄마의 노고를 알아줄 날이 올까?

과외는 대학생 시절 아는 분 부탁으로 시작했다. 집 근처 중학생의 영어와 수학을 봐준 것이 계기가 됐고, 어쩌다 보니 수십 명의 학생을 가르치게 됐다. 첫 번째 학생의 성적이 오르자 학생이 점점 늘어났다. 그러면서 참 다양한 아이들을 만났다. 아예 공부에 관심이 없는 아이도 있고, 부모님과의 관계가 원만하지 않은 아이, 그 무섭다는 중2병에 걸린 아이도 있었다.

처음 학생은 모범생이라 알아서 공부에 집중했지만, 다른 아이들은 공부만 가르쳐서는 나를 따를 것 같지 않은 분위기였다. 나의 의무는 아이들 성적을 올려놓는 것이었기에 방법을 고민했다. 우선 마음을 여는 것이 중요하다는 생각이 들어서 언니, 누나처럼 다가가 대화를 많이 나누었다. 또 공부를 왜 해야 하는지에 대해 자주 이야기했다.

유대감이 쌓이자 아이들이 내 말을 따르고 공부에도 집중하기 시작했다. 생활 태도가 긍정적으로 변하고 성적이 오르니 학부모님들도 기뻐하셨다. 그중 몇 명과는 지금도 연락을 주고받는데, 여전히 나를 선생님이라고 부르며 따른다.

당시 나는 학생들 성적을 올리기 위해 이런저런 궁리를 많이 했다. 어떻게 하면 공부에 더 집중하게 할 수 있을까? 어떻게 하면 더 잘 외우게 할 수 있을까? 아이디어를 실천에 옮기고 개선을 반복하면서 나만의 교수법도 개발했다. 정우가 4개의 책상을 갖게 된 것, 자기가 배운 것을 말로 설명하면서 암기하게 하는 것 등은 그때의 아이디어를 발전시킨 것이다. 아이에게 맞는 학습법을 만들려면 성향을 먼저 파악해야 한다는 것은 물론, 목표를 설정하고 격려하는 법도 그때의 경험을 통해 알게 됐다.

학생들이 나를 잘 따르고 노력한 만큼 성적도 오르자 나는 입시학원 강사처럼 가르치는 일에 열정을 쏟았다. 그때는 '선생님이 될 것도 아닌데 이 일을 왜 이렇게 열심히 하고 있지?' 싶었고, 입시학원 강사를 해볼까 하는 생각도 잠시 했다. 그러나 나는 교육과는 무관한 방송 쪽 일을 시작했다.

지금 생각하면 그 모든 경험이 정우라는 학생을 만나기 위한 준비 과정이 아니었나 싶다. 보수도 없고 퇴근 시간도 없지만, 나의 모든 노하우와 열정을 쏟아부으며 가르쳐야 할 내 인생의 마지막 학생 말이다.

과외 경험은 아이의 선생님을 택할 때도 도움이 됐다. 정우는 수업 준비를 열심히 하는 편이라 그런 성향과 잘 맞는 선생님을 알아보는 눈이 생겼다. 국어나 영어 문법처럼 내가 잘 가르칠 수 있는 과목은 직접 가르치지만, 수학이나 과학 등은 나보다 잘 가르쳐줄 선생님에게 맡기는 경우도 있다.

"방송만으로도 보고 배우는 게 많았어요. 정우 엄마만의 교육 노하우가 있다면 공유해주세요."

"우리 아들이 이번에 초등학교에 입학해요. 아이가 독서에 재미를 붙일 수 있는 책 좀 추천해주시겠어요?"

"아이가 자기주도적으로 공부하길 바라는데 방법을 모르겠네요. 정우는 어떻게 교육하셨어요? 참고하고 싶습니다."

"예비 초등학생 엄마입니다. 애가 공부만 하자고 하면 짜증을 내요. 어떻게 해야 즐겁고 신나게 공부할 수 있을까요?"

"습관적으로 책 읽는 아이로 키우신 비결이 무엇인가요?"

〈둥지탈출〉을 보고 많은 분이 개인 SNS를 통해 질문을 보내주셨다. 2장과 3장에서는 그 질문들에서 공통으로 보이는 내용을 바탕으로, 내가 정우를 키우면서 효과를 보았던 학습법과 학습 환경 만들기에 대해 이야기해보려 한다. 물론 내 경험이 정답이 아니다. 나도 아직 아이를 키우고 있는 입장이다. 다만 내가 고민하고 노력했던 부분을 담음으로써 이 책을 읽는 분들에게 작은 도움이라도 되고 싶다.

눈 뜨자마자
책 한 권을 읽는 아이

"일어나자마자 책을 펼쳐 드는 정우 모습에 깜짝 놀랐어요. 독서 습관을 어떻게 들이신 건가요?"

〈둥지탈출〉 방송 출연 후 SNS를 통해 가장 많이 받은 질문이다. 수학도 스토리텔링으로 바뀐 시대인 만큼 독서에 대한 부모들의 뜨거운 관심도 이해가 간다.

정우가 초등학교 들어가기 전까지는 나도 워킹맘이었던 터라 교육에 많은 시간을 할애할 수 없었다. 그러나 독서의 중요성에 대해서는 익히 알고 있었기에 내가 할 수 있는 방법을 찾아야 했다.

고민 끝에 '환경'을 만들고 '재미'를 붙여주자는 결론을 내렸다. 그래서 집 안 곳곳에 책장을 놓고 아이 손이 닿는 곳마다 책을 두었다. 또 잠들기 전 책을 읽어주는 것만은 반드시 지키자고 나 자신과 약속했다.

'이왕 읽어줄 거 세상에서 제일 재미있게 읽어주자.'

주위에도 책을 좋아하는 아이들이 있는데, 대개는 엄마나 아빠가 재밌게 읽어준 덕에 책을 좋아하게 됐다고 한다.

나는 최고의 스토리텔러가 되기로 했다. 아나운서 시험을 준비하던 때의 경험을 살려 모든 캐릭터가 생생하게 살아 있는 듯 연기했다. 그러자 정우가 눈을 반짝이며 내 말에 귀를 기울였고, 매일 밤 엄마가 책 읽어주는 시간을 기다렸다. 정우가 재미있어하니 온종일 일에 시달렸던 피곤도 싹 날아갈 만큼 보람이 느껴졌다.

나는 그 시점에서 약간의 꼼수를 발휘했다. 보통은 한 권을 다 읽어주지만 이야기가 클라이맥스로 치달을 때 책을 덮었다. 중요한 순간에 드라마가 끝나버리면 "다음 화까지 언제 기다려?" 소리가 절로 나오지 않는가. 드라마 PD도 울고 갈 내 끊기 실력에 정우가 눈이 똥그래져서 소리쳤다.

"엄마! 왜 그래요? 계속 읽어주세요!"

하지만 나는 의미심장한 미소를 지으며 말했다.

"너무 늦었네. 다음 부분은 내일 아침에 계속됩니다. To be continued!"

다음 날 아침, 아이는 일어나자마자 책을 찾았다.

"어제 읽던 책 어디 있어요?"

속으로 쾌재를 불렀다. 내가 던진 미끼를 덥석 물어준 아이가 그렇게 기특할 수가 없었다. 이런 상황을 몇 번 만들자 아침에 일어나서 책을 집어 드는 것이 점차 습관으로 자리 잡게 됐다. 나는 정우의 호기심을 적극적으로 활용했고 그것이 딱 들어맞았다. 정우에겐 이 방법이 책과 친해지는 데 가장 효과가 좋았다.

요즘도 정우는 아침에 일어나면 아침을 준비하는 나에게 인사를 한 다음 방으로 직행한다. 무얼 하려는지 보지 않아도 알 수 있다. 정우가 아침에 일어나 가장 먼저 하는 일은 책 읽기다. 정우는 최근 역사에 관심이 많다. 그동안 수학과 과학책을 주로 읽었는데 독서의 폭이 넓어져 다행이라고 생각한다.

아침 식사를 준비하다가 거실 쪽을 내다보면 소파에 등을 기댄 정우가 책에 푹 빠져 있다.

"허리 펴고 앉아야지!"

내가 잔소리를 하면 정우는 "네!" 하고 대답하면서도 책에서 눈을 떼지 못한다.

남편이 보면 자세가 나쁘다고 분명 한 소리 할 것이다. 하지만 아이를 나무라는 남편의 입가에도 미소가 걸려 있다는 걸 내가 모를 리 없다. 일어나자마자 책을 손에 쥐는 아이. 부모 입장에선 정말 뿌듯한 모습이니까.

세 딸을 체스 천재로 키워낸 헝가리의 교육심리학자 라슬로 폴가는 '어떤 아이든 천재가 될 수 있다고 바라보면 천재가 된다' 라는 신념의 소유자였다. 그는 일부러 딸들이 보는 앞에서 체스를 정말 재미있게 두었다. 그리고 호기심을 보이면 "참으렴. 이건 어른이 되어야 할 수 있단다"라는 말로 안달이 나게 했다. 결국 아이들은 체스가 하고 싶어서 울기까지 했고, 그제야 조금씩 알려주기 시작했다고 한다. 이렇게 흥미와 재미를 유발하는 것이 부모의 역할 아닐까?

라슬로 폴가처럼 재미있어 죽겠다는 얼굴로 책을 읽지는 못하지만, 어쨌든 노력하다 보니 나도 독서광이 다 됐다. 모두 정우 덕분이다. 정우에게 고마워해야 할 사람이 한 명 더 있다. 글이라면 몇 줄만 읽어도 꾸벅꾸벅 졸던 남편 역시 정우와 내가 틈만 나면 책을 펼치자 슬슬 독서의 맛에 빠지게 됐다. 주말에 가족이 옹기종기 모여서 책을 읽을 때 나는 가장 큰 행복을 느낀다.

Q 다독과 정독, 무엇이 좋을까요?

A 유아기엔 다양하고 흥미로운 이야기를 빠르게 흡수한다. 그래서 다독을 하게 된다. 정우의 독서도 초기엔 그런 형태였다. 정우는 초등학교 입학 후 독서퀴즈대회를 준비하면서 정독하는 습관을 기르게 됐다. 다독을 할 때는 책을 깊이 있게 읽지 못할 때가 있는데 퀴즈대회를 준비하면서 꼼꼼히 정독하는 좋은 습관을 기를 수 있었다. 책을 꼼꼼하게 읽는 것은 수학 문제를 푸는 데에도 영향을 주어 오답을 줄이는 데 큰 도움이 됐다.

최근에 슬로 리딩이 다시 뜨는 추세다. 책을 읽고 그에 관한 독후 활동을 하면서 그야말로 인이 박일 때까지 내용을 이해하는 방식이다.

유아기엔 다독 위주로 하더라도 초등학교에 입학한 후엔 다독과 정독이 복합적으로 필요해진다. 책을 읽은 뒤 책 속의 내용을 서로 퀴즈로 내는 독후 활동은 정독에 도움이 된다. 내기를 하거나 작은 상품을 걸어도 좋다. 이렇게 하면 아이가 재미있어할 뿐 아니라 정독하는 습관을 기르는 데 도움이 되므로 적극 추천한다.

독서는
남다른 무기가 된다

정우는 계속해서 수학·과학 분야의 영재원을 준비하고 있기에 그쪽 분야의 책을 많이 읽는 편이다. 그러다 보니 의도치 않게 책의 종류가 편향됐다. 그래서 위인전, 인문학 서적, 역사책 등 여러 분야의 책을 골라 아이와 함께 읽고 이야기를 나누려고 노력한다.

나는 영재원 시험을 준비하면서 폭넓은 독서가 얼마나 중요한지 여러 번 실감했다. 영재원 시험은 서술형 문제가 많기 때문에 독서를 통해 습득한 다양한 배경지식과 자기 생각을 제대로 표현할 줄 알아야 한다.

교육청 영재원 면접 때 "어떤 위인을 가장 존경하는가?" 라는 질문이 나왔다. 만약 대답이 아인슈타인이라면 그의 상대성 이론뿐 아니라 그 외 물리학자, 예를 들면 파스퇴르와 같은 위인을 비교 대상으로 두고 이야기할 줄 알아야 한다. 독서량이 풍부하다면 창의적으로 만들어낼 수 있는 대답은 무궁무진하다.

이제 수학에서도 스토리텔링이 대세다. 단순한 공식 암기와 객관식 문항에 익숙한 세대는 '수학과 스토리텔링이 어떻게 접목되지?' 하는 생각이 들 것이다. 하지만 이제 완벽한 계산 능력보다는 창의적으로 문제에 접근하고 풀어가는 과정이 더욱 중요해졌다. 수학 과목에 역사, 정치, 경제, 미술, 음악, 스포츠 등의 개념이 응용되니 독서가 더욱 중요해지는 건 두말할 나위가 없다.

초등생 시절 가장 중요한 것 한 가지를 뽑으라고 한다면 나는 주저 없이 독서를 선택할 것이다. 이 시기는 평생 독서 습관을 들이는 황금기다. 이 시기를 잘 활용해 최대한 많은 책을 읽는다면 중·고등학교에 진학해서 입시 경쟁을 할 때 도움이 되는 '남다른 무기'를 갖추게 될 것이다.

독서를 즐기는 사람에게 서점만큼 신나는 공간이 있을까? 정우와 나에게 서점은 가장 편안하고 즐거운 공간이다. 서점에 가자고 하면 아이는 항상 기분 좋게 따라나선다. '서점=재미있는 곳'이란 공식이 내면화됐기 때문이다. 정우가 초등학교에 입학하고 난 뒤부터 우리는 여가를 거의 서점에서 보내고 있다.

처음 정우를 서점에 데려갔을 때 나는 아이가 서점을 편하고 재밌는 공간으로 여기도록 일단 풀어두었다. 여기저기 둘러보던 정우는 제일 먼저 완구 코너로 달려갔다. 그다음엔 만화책에 관심을 보였다.

완구도 훌륭한 학습 교구가 될 수 있다. 〈둥지탈출〉에서 정우가 수학 문제를 풀 때 사용했던 큐브들은 교보문고에서 구입한 것이다. 아이가 완구 코너에만 관심을 보이더라도 너무 걱정하지 말고 학습에 적극적으로 이용할 궁리를 해보자.

어느 정도 서점에 적응하고 난 뒤엔 필요한 책을 읽을 수 있도록 유도했다. 책을 읽으라고 마냥 풀어두면 아이들은 넓은 공간에 정신이 팔린다. 그럴 땐 엄마가 나서서 구역을 한정해주는 것이 좋다. 섹션별로 책의 주제가 나뉘어 있으니 아이에게 필요한 분야의 책을 읽을 수 있도록 이끌어주는 것이다.

"오늘은 이 코너의 책을 읽어볼까?"

구역을 정해주면 아이는 그 안에서 구미가 당기는 책을 탐색하기 시작한다.

서점을 자주 가다 보니 갈 때마다 구입할 수 있는 책을 한 권으로 제한했다. 책을 잘 읽어보고 그중 꼭 사고 싶은 것 한 권만 고르라고 하면 아이는 보석감정사라도 되는 듯 신중하게 책을 고른다.

외국 여행을 갈 때도 그 나라의 유명 서점을 검색해서 방문 목록에 포함시킨다. 우리에게 서점은 유명 맛집에 버금가는 핫플레이스다. 싱가포르에 갔을 때는 다카시마야 백화점 안에 있는 기노쿠니야(Kinokuniya) 서점을, 하와이에 갔을 때는 알라모아나 센터에 있는 반스앤노블(Barnes & Noble)을 여러 번 방문했다. 외국 서점은 분위기가 색다르고 한국에서 볼 수 없는 책들이 많다. 모든 것이 영어로만 쓰여 있어서 완벽히 이해되지는 않지만 그 자체만으로도 훌륭한 교육이고, 독서에 동기부여가 된다.

하와이 알라모아나 센터 내의 반스앤노블(Barnes & Noble) 서점.

Q 정우의 학습에 어떤 책들이 도움이 됐나요?

A 요즘엔 공부에 도움도 되고 재미도 있는 학습 만화책들이 많다. 《수학도둑》, 《과학도둑》, 《수학세계에서 살아남기》, 《놓지 마 과학》, 《그리스 로마 신화》, 'WHY?' 시리즈, 'WHO?' 시리즈 등은 아이의 흥미에 따라 서점에 갈 때마다 낱권으로 구입했고 현재 전집이 있다.

영재원 시험에 단골로 나오는 문제들이 많았던 책은 《무인도에서 살아남기》, 《지진에서 살아남기》 등 '살아남기' 시리즈다. 《수학자가 들려주는 수학 이야기》, 《과학자가 들려주는 과학 이야기》, '신통방통 플러스' 시리즈도 많은 도움이 됐다.

내 아이를 영재로 바라보면 영재가 된다

아이의 '지식 자판기'가
되지 말자

독서량이 늘어나면서 정우의 질문도 늘어났다. 나는 아이가 호기심을 갖고 질문하는 것이 기특해서 열과 성을 다해 알려주었다. 하지만 학년이 올라가고 글밥이 많아질수록 점점 대답하기가 버거워졌다. 책 한 페이지를 읽는 데 열 가지가 넘는 질문이 쏟아지는 날도 있었다. 아이가 읽는 과학책과 역사책을 보면 나도 모르는 단어들이 수두룩했다.

"엄마, 응결이 무슨 뜻이에요?"

"응결은 수증기가 물이 되는 현상을 말해."

"예를 들면요?"

대략적인 의미를 아는 것과 설명하는 것에는 분명한 차이가 있다. 아이의 눈높이에 맞게 설명하는 것은 종종 진땀이 날 만큼 어렵다. '이게 왜 이해가 안 되지?' 하는 생각이 들 때도 많았다. 특히 광합성에 대해 알려줄 때 아이도 나도 고생했던 기억이 난다. 나 역시 하나의 개념을 시간과 함께 차근차근 체득했을 텐데, 왜 올챙이 적 생각을 하지 못하는 것일까. 그런 반성의 시간이 올 때마다 아이 눈높이에서 생각하려고 노력하게 된다.

"정우가 마시는 주스 컵을 한번 보자. 컵 표면에 물방울들이 맺혀 있지? 공기 중의 수증기가 얼음이 담긴 차가운 컵에 닿아서 물방울이 생기게 됐어. 이런 걸 응결이라고 하는 거야."

"아하!"

내가 브리핑을 하면 아이는 그제야 궁금증을 해소해서 시원하다는 얼굴이 된다. 하지만 이제 됐겠지 싶어 한숨 돌리고 있으면 이내 이런 소리가 들려오기 일쑤다.

"엄마, 잠깐만! 기화는 무슨 뜻이에요?"

왠지 정우 전용 '지식 자판기'가 된 것 같았다. 아이가 질문하면 정보를 뚝딱 검색해서 가장 이해하기 쉽게 설명을 해주었으니 말이다. 만약 그 방법이 아이에게 도움이 된다면 나는 힘들어도 참고 기꺼이 자판기가 됐을 것이다.

하지만 점점 그 효과가 의심스러워졌다. 아이가 그날 배운 것을 기억하는지가 궁금해서 밥 먹을 때나 산책하러 갈 때 넌지시 물어보면 제대로 설명하지 못하는 경우가 많았다. 쉽게 얻은 지식의 유통기한은 확실히 짧았다.

6세부터 13세까지는 아이의 인생에서 매우 중요한 배움의 시기다. 궁금증을 해결하는 것은 좋지만, 단발성이 되면 의미가 없지 않을까? 홍수처럼 밀려오는 궁금증을 해결함과 동시에 한번 배운 어휘와 개념을 뼛속까지 확실히 알 수 있게 하는 것이 중요하다는 생각이 들었다.

하나를 배워도
뼛속까지 확실하게

정우의 질문 세례에 대답하는 것이 효과가 없다는 판단을 내린 뒤엔 아이의 궁금증을 해결하는 방법을 바꿨다. 일단 스스로 생각해보고 답을 찾아보게 하는 것이다. 그리고 그 날 배운 것은 꼭꼭 씹어 완전히 소화하게 했다.

"엄마 대동법이 뭐예요?"

역사책을 읽던 아이가 평소처럼 질문을 던졌다.

"정우야. 이제부터 궁금한 것이 생기면 일단 그 의미를 생각해보자. 정우가 읽는 책 속에 단서들이 숨겨져 있어."

"책 속에요?"

"그래. 모르는 단어가 나오더라도 책을 읽다 보면 의미하는 바를 어느 정도는 알 수 있어. 그러니 일단 생각해보고 엄마에게 정우가 생각한 걸 들려주면 좋겠어."

"네."

요즘 세상에선 인터넷을 통해 지식을 쉽게 검색할 수 있다. 하지만 시험에서는 모르는 어휘가 나와도 검색할 수 없다. 그렇기에 문맥을 통해 스스로 의미를 유추해보는 능력이 필요하다. 단어를 물어볼 때마다 일단 생각해보라고 하면 아이는 책을 읽으면서 나름대로 뜻을 유추한다.

"어때, 이해가 됐어? 그럼 엄마에게 설명해줄래?"

"네. 조선 시대 백성들은 세금을 특산물로 냈대요. 그런데 흉년이 들면 특산물 수확량이 줄어들잖아요? 세금을 못 내면 벌을 받게 되니까 이걸 이용해서 백성들에게 아주 비싸게 특산물을 파는 관리도 있었던 거죠. 진짜 나쁜 사람들이네요."

"정말 그렇네. 그런데 그런 상황과 대동법이 연관이 있다는 거야?"

"이런 불합리한 세금 제도를 고친 게 대동법이에요. 특산

고학년이 되니 정우가 자기주도적 학습을 하는 시간이 점점 늘어나고 있다.

물 대신 쌀이나 돈을 세금으로 바치게 하는 거죠. 제 말이 맞아요?"

자신이 이해한 선에서 단어의 뜻을 유추한 아이는 그것이 정확한지 궁금해한다. 그러면 나는 정확한 의미를 인터넷으로 검색해보고 다시 설명해달라고 한다.

"대동법은 한마디로 세금을 특산물 대신 쌀로 통일해서 내게 하는 제도예요. 대동법은 토지를 기준으로 세금을 부과해요. 그래서 땅이 많은 양반들은 이 제도를 싫어했대요."

"훌륭해! 먼저 스스로 생각해본 다음 검색해보니까 머리에 쏙쏙 들어오지?"

"정말 그런 것 같아요."

아이가 설명을 마치면 이제 엄마 차례다. 내용이 맞는지 검색해보고 정확하지 않은 부분이 있으면 수정해준다. 이 과정을 거치면 수동적으로 정보를 받아들일 때보다 훨씬 효과적으로 개념을 체득할 수 있다.

또한 그날 배운 것은 가능하면 그날 끝내는 것이 좋다. '단기 기억'이 저절로 '장기 기억'으로 옮겨지진 않기 때문에 배운 것을 잊어버리지 않으려면 반복이 필요하다. 하지만 이러한 반복을 반짝 열심히 하기보다는 일상적으로 실행할 수 있는 루틴을 만드는 것이 중요하다. 정우와 나는 '일기'를 활용하기로 했다.

초등학생에게는 일기 숙제가 있다. 엄마·아빠와 나들이를 다녀오는 등 특별한 주제가 있으면 일기가 술술 써지겠지만 쓸 말이 없는 날도 있지 않은가. 그럴 땐 그날 배운 새로운 어휘를 주제 삼아 일기를 쓴다.

'출현'과 '출연'의 차이를 배운 날에는 '출연'이란 단어를 주제로 일기를 썼다.

'우리 아빠 직업은 방송인이다. 아빠가 출연한 방송을 보면 집에 계실 때의 모습과 달라 깜짝 놀란다. 앞으로는 아빠가 출연하신 방송을 자주 보고 싶다.'

태평성대에 대해 배운 날에는 일기 마지막에 이런 내용을 썼다.

'내가 이렇게 여유롭게 놀고 있는 걸 보니 지금이야말로 바로 태평성대구나!'

그날 배운 영어 단어를 활용해 짤막한 영작을 해볼 수도 있다.

'Pollution is killing many animals today.'

정우가 1학년 때부터 쓴 일기장이 몇십 권이 되는데 가끔 펼쳐보면 참 재미있다. 아이의 배움과 성장의 기록이라고 할까. 굳이 일기를 쓰지 않더라도 잠이 들기 전에 오늘 배운 것으로 문장 만들기 정도를 해도 좋다. 지금까지의 내용은 다음의 다섯 단계로 정리할 수 있다.

내 아이를 영재로 바라보면 영재가 된다

> ✓ **꼭꼭 씹어 먹어 완전히 소화시키는 학습법**
>
> ❶ 궁금한 것이 생기면 일단 무슨 의미일까 추측해본다.
> ❷ 국어사전, 인터넷 검색창 등을 통해 정확한 사전적 의미를 확인한다.
> ❸ 정확한 의미를 말로 설명해본다.
> ❹ 부모가 그 내용이 정확한지 점검하고 부연 설명을 한다.
> ❺ 그 단어가 들어간 문장을 만들어보거나 단어를 활용해 일기를 쓴다.

이 방법은 공부를 하거나 독서를 하면서 모르는 어휘와 개념을 배울 때 활용할 수 있다. 그것은 응결이나 인플레이션 등 처음 배우는 개념에 대한 것일 수도 있고, 영어 단어나 한자 등 새로운 어휘일 수도 있다. 무엇이든 모르는 것이 생기면 일단 스스로 생각해보고, 정확한 내용을 찾아보고, 말로 설명하고, 반복하는 과정을 거침으로써 새로운 정보를 보다 쉽게 각인시킬 수 있다. 이렇게 하면 효율적인 학습이 이뤄질 뿐 아니라 어휘력도 풍부해져서 말하기, 글쓰기 능력을 키우는 데 큰 도움이 된다.

자주 찾는 학습 사이트

- **상위 1% 카페** https://cafe.naver.com/mathall
- **수만휘** https://cafe.naver.com/suhui
- **이과 최상위권의 비밀** https://cafe.naver.com/forsciencehighschool
- **EBSMath** www.ebsmath.co.kr
- **사이언스타임즈** www.sciencetimes.co.kr
- **쑥쑥닷컴** www.suksuk.co.kr
- **영어책 읽어주는 새벽달** http://blog.naver.com/afantibj
- **황인영 영어 카페** https://cafe.naver.com/maljjang2

학습할 때 유용한 앱

- **영어** Reading Gate, AR program, Ted Me, Little Fox
- **번역기** Google Translate, Papago, iTranslate
- **역사** 영화로 보는 한국사
- **한자** 한자공부Q

잘 본 영화 한 편
열 강의 안 부럽다

내가 자랄 때만 해도 TV는 '바보상자'로 여겨졌다. 하지만 요즘은 TV 드라마, 영화 등의 영상 콘텐츠만 잘 활용해도 학습에 큰 도움이 된다. 이런 확신을 갖게 된 데에는 남편의 '활약'이 있었다.

영화 보기가 취미인 남편은 한 달에 두세 번은 정우를 데리고 영화를 보러 나간다. 영화 〈안시성〉을 보고 온 저녁, 정우가 현관문을 열고 들어오자마자 이야기를 쏟아냈다.

"엄마, 20만 명의 당나라 군사가 고구려 안시성에 쳐들어 왔을 때 그들과 맞서 싸운 군사가 몇 명이었는지 알아요?"

"글쎄?"

"5,000명이래요! 5,000명이 88일 동안 전투를 벌여서 안시성을 지켰어요. 정말 드라마 같고 멋진 승리죠?"

정우는 내 뒤를 졸졸 따라다니며 당 태종과 연개소문, 고구려와 당나라에 대해 쉬지 않고 이야기했다.

"여보, 정우 왜 저렇게 신났어?"

따로 조용히 묻자 남편은 정우가 영화를 대단히 마음에 들어 했고, 집으로 돌아오는 내내 영화 속 등장인물에 대해 찾아보았다고 했다. 솔직히 말해 남편이 아이와 영화를 보러 가는 것이 탐탁지 않을 때가 있었다. 한번 나가면 감감무소식이라 나 혼자 애를 태우게 되기 때문이다. 그런데 그 영화 보기가 학습에 이렇게 큰 도움이 될 줄이야!

그날 아빠와 함께 본 영화 한 편이 아이가 한국사에 깊이 빠져드는 중요한 계기가 됐다. 정우는 영화를 통해 당나라와 고구려의 관계와 역사적 사건, 주요 인물들에 대한 큰 그림을 그렸다. 그리고 책을 읽으면서 보다 자세한 내용을 파악했다. 만약 교과서로 배웠다면 머릿속에 집어넣느라 애를 먹었을 만한 내용이었다.

정우가 한창 장영실에 관한 책을 읽을 때, 관련 영상 콘텐츠를 검색하다가 드라마가 있다는 것을 발견했다. 게다가 무료로 공개되어 있었다.

"앙부일구가 저렇게 생겼구나!"

"물시계는 저런 원리로 작동하는구나!"

정우는 드라마를 통해 장영실의 생애와 그의 발명품에 대해 알게 됐다. 우리는 정말 재미있게 드라마를 보았다. 24부작을 다 보고 다시 책을 펼치자 정우는 장영실에 대해 훤히 알고 있다는 느낌이 든다고 했다. 그리고 해시계와 앙부일구, 물시계, 자격루, 측우기를 직접 보고 싶다고 했다. 아이가 흥미로움에 눈을 반짝이는 걸 보니 가만있을 수가 없었다. 뭐라도 더 보여주고 싶어 검색을 했고 충남 아산에 장영실과학관이 있다는 걸 알게 됐다.

"정우야, 이번 주 나들이는 장영실과학관이다!"

내 말에 아이가 신나서 춤을 췄다.

만약 장영실에 대한 드라마를 보지 않았더라면 정우에게 과학관은 지루한 장소가 됐을지도 모른다. 그러나 책과 드라마로 알게 된 지식을 서로 나누면서 과학관을 둘러보자 그곳은 전혀 고리타분하지 않고 흥미로운 장소가 됐다.

책, 영상 콘텐츠, 현장학습의 3단계를 거치면서 아이는 관련 내용을 완전히 자기 것으로 만들었다. 재미있는 점은 관심이 확장된다는 것이다. 장영실에 대해 공부하다 보면 그를 인재로 등용한 세종대왕에 대해서도 알게 된다. 그렇게 장영실에서 시작된 관심은 세종대왕과 한글 창제, 당시 조선의 시대상 등으로 옮아갔다. 나는 이렇게 꼬리에 꼬리를 물고 이어지는 관심이 사라지지 않도록 필요한 콘텐츠를 찾아주었고 경복궁, 중앙박물관 등에도 데리고 갔다.

우리는 풍부한 영상 콘텐츠의 시대를 살고 있다. 다시 말해 조금만 노력하면 훌륭한 콘텐츠를 저렴한 가격에, 때로는 공짜로 이용할 수 있다는 얘기다. 그동안 얼마나 많은 역사 드라마와 영화들이 만들어졌는가. 국내외 방송사가 만든 수준 높은 다큐멘터리도 무궁무진하다.

재미있는 양질의 콘텐츠들은 아이가 특정 분야와 학습에 흥미를 느끼게 해준다. 정우는 역사를 영화와 드라마로 접한 뒤 역사를 굉장히 좋아하게 됐다. 아직 역사를 공부라는 이름으로 시킨 적이 없지만, 종종 아이와 대화를 나누다 보면 이해가 깊다는 생각이 든다. 고구려 안시성에서 시작된 관심이 장영실과 세종대왕의 조선 시대를 지나 차근차근 나아가고 있는 것 같다.

물론 영화나 드라마는 재미를 위해 허구가 가미되어 있다. 하지만 영상을 본 뒤 교과서나 책으로 사실관계를 바로잡으면 크게 문제 될 것이 없다고 생각한다. 일단 흥미가 생겨야 공부도 즐겁게 하게 된다.

최고의 공부 비법,
'배워서 남 주자'

〈둥지탈출〉에서 정우가 설민석 강사에게 '빙의'하여 안시성에 대해 강의하는 장면이 나온다. 방송에서 보니 내 눈에 눈물이 살짝 맺혀 있어서 놀랐다.

'아이가 이 내용을 완전히 이해하고 있구나.'

이런 생각에 가슴이 벅차올랐던 듯하다. 남들 앞에선 티 내지 않으려고 해도 나도 어쩔 수 없는 고슴도치 엄마인가 보다. 그러나 냉정하게 되돌아봐도 그날 정우의 강의는 뇌리에 팍팍 박혔다. 무언가를 확실히 알면 다른 사람을 쉽게 이해시킬 수 있다. 그런 점에서 좋은 점수를 주고 싶다.

정우가 역사에 관심을 갖게 되면서 설민석 강사의 강의를 자주 보여주었다. 드라마나 영화는 긴 호흡이 필요한 반면 유튜브 강의는 시간에 구애받지 않고 볼 수 있다는 점에서 매우 유용하다.

정우는 주로 차로 이동하는 시간에 강의를 보았다. 그런데 언제부턴가 설민석 강사의 말투를 흉내 내면서 우리 부부를 웃기더니 화이트보드도 하나 사달라고 했다. 그리고 엄마·아빠를 앉혀놓고 강의를 시작했다. 사실 이것은 정우에게 공부라기보다 재미있는 놀이에 가까웠다. 초반엔 무게를 잡으면서 강의하는 모습이 마냥 귀여웠는데 이제는 제법 흡인력 있는 강의가 가능해진 것 같다. 우리 부부가 정우 이야기에 빨려든 게 한두 번이 아니니 말이다.

"조영구 학생 질문 있어요?"

"아니요, 없습니다. 선생님 감사합니다. 수고하셨어요."

"신재은 학생은?"

"저는 당연히 있죠. 고구려가 당나라를 물리친 사건이 주변의 백제, 신라에는 어떤 영향을 미쳤는지 궁금해요!"

"이런, 벌써 시간이 이렇게! 다음 강의에서 계속됩니다!"

어려운 질문을 던져도 정우는 당황하지 않고 순발력 있게 진짜 강사처럼 강의를 마무리한다. 물론 다음 시간에 계속된다는 강의는 서로 잊어버리기도 한다. 중요한 것은 아이가 그것을 흥미로운 활동으로 여긴다는 점이다.

재미로 시작한 이 '강의식 학습법'은 이제 우리 가족에게 일상적인 것이 됐다. 이는 역사뿐 아니라 수학, 과학 등 여러 과목에 활용할 수 있다. 나는 이를 아이가 자신이 읽은 책이나 공부한 내용을 얼마큼 이해하고 있는지 파악하는 척도로 사용하기도 한다.

학창 시절 발표 수업의 기억을 떠올려보자. 나는 전날 잠까지 설칠 만큼 긴장하곤 했다. 발표를 잘하려면 먼저 발표하려는 내용이 머릿속에 잘 정리되어 있어야 한다. 그리고 횡설수설하지 않고 핵심만 일목요연하게 전달해야 한다. 그뿐만이 아니다. 떨지 않게 마인드 컨트롤을 해야 한다. 시선과 팔의 위치도 여간 신경 쓰이는 게 아니다.

공부한 것을 말로 표현하는 것은 전혀 새로운 경험이 될 수 있다. 처음 아이와 강의식 학습을 시도하면 아이가 긴장하거나 말이 꼬일 수 있다. 또 무슨 말을 하는지 전혀 이해가 되지 않을 수도 있다. 그럴 땐 부모가 질문을 던지며 자연스럽게 다음 말을 유도하는 것이 좋다. 잘 못한다고 다그치는 것은 절대 금물이다! '그 시절 나는 어땠나?' 하고 자문해본다면 아이의 입장을 이해하게 된다.

강의식 학습법은 내가 배운 것을 자연스럽게 이해하여 암기하게 할 뿐 아니라 스피치 능력 향상이라는 보너스까지 준다. 반 회장 선거에 나가거나 영재원 등 아이가 목표로 하는 곳의 면접을 보려면 기본적인 스피치 능력이 뒷받침되어야 한다. 그래서 키즈 스피치 아카데미를 다니는 친구들도 더러 있다. 하지만 일상에서 내가 배운 것을 누군가에게 설명하는 연습을 하면 스피치 능력과 자신감이 저절로 길러진다.

그러니 가끔은 아이의 학생이 되어보자. 실제로 수업을 하는 것처럼 몰입하고 질문도 던지는 것이 좋다. 만약 부모가 이렇게 하기 어렵다면 친구들과 함께할 수 있도록 자리를 만들어주는 것도 괜찮은 방법이다.

"영어 기사 읽고
떡국 레시피 좀 알려줄래?"

정우가 매주 원어민 선생님과 영어 수업을 하던 때의 일이
다. 아이가 수업하는 동안 볼일을 보고 집에 돌아왔는데 부
엌이 난리도 아니었다. 얼굴에 밀가루를 묻힌 정우가 폴짝
폴짝 뛰며 자신이 만든 쿠키를 자랑했다. 당시 나는 '단어
하나라도 더 가르쳐주시지' 하는 맘에 시간이 아깝다는 생
각을 잠시 했다.

그런데 요즘 우리는 영어 레시피로 요리하는 걸 즐긴다.

"오늘 메뉴는 떡국이야. 엄마는 요리를 할 테니 너는 레시
피를 알려다오!"

이렇게 말하면 정우는 식탁에 앉아서 내가 준비해둔 영어 기사를 읽고 레시피를 알려준다.

"재료는 뭐가 필요해?"

"Rice cake, broth, egg, soy sauce, salt, garlic, pepper."

사실 나는 기사를 미리 읽고 재료를 준비해둔다. 그래서 정우가 읽어주는 단계를 빠르게 실행할 수 있다. 소고기 육수에 떡을 넣고 끓이면서 물었다.

"beef broth 향이 점점 진해진다. 그치? 다음 단계는 뭐야?"

"우와, 맛있는 냄새! Crack some egg put them into the soup."

아이의 말이 떨어지자마자 준비된 달걀을 깨트려 넣었다. 떡국이 보글보글 끓는 것이 아주 먹음직스러웠다.

"이제 seasoning을 해야 할 것 같아. 필요한 재료들을 불러줄래?"

"네! Season the soup with soy sauce, garlic and pepper."

집에 있을 때 정우와 나는 지루할 틈 없이 시간을 보낸다.
엄마의 유머코드는 아이와의 친밀한 유대 관계를 쌓아올리는 데 필요한 하나의 tip이다.

이렇게 우리 집 식탁엔 정우의 레시피로 만들어진 요리가 종종 오른다. 맛도 맛이지만 무엇보다 아이가 굉장히 뿌듯해한다. 함께 요리를 준비하면서 듣고 말한 영어들은 팔딱팔딱 살아 있다. 그날의 대화와 음식을 떠올리면 언제라도 기억을 소환할 수 있다. "떡국 먹을 때 났던 진한 broth 향

내 아이를 영재로 바라보면 영재가 된다

기억해?" 하면 저도 모르게 broth와 고소한 소고기 육수를 연결하게 된다.

전에는 영자 신문을 구독하면서 함께 리딩할 만한 기사나 요리 레시피를 찾았다. 하지만 요즘은 주로 홈러닝 프로그램을 이용한다. 매주 신문 기사가 업데이트되고 음성도 함께 들려주므로 직접 기사를 고르고 발음을 찾아보는 수고를 덜 수 있다.

영어로 된 유튜브 요리 채널도 즐겨 보는 편이다. 정우는 '망치'라는 유튜버가 한국 요리 만드는 법을 가르쳐주는 채널을 특히 좋아한다. 망치 님이 만든 떡볶이를 직접 요리해보기도 했다. 자녀가 요리하기를 좋아한다면 시도해볼 만하다. 좋아하는 음식을 직접 만들어 먹는 체험과 영어 학습이 자연스럽게 연결되기 때문이다.

"아이가 나의 나쁜 발음을 배우게 되면 어떡하죠?"

"발음이 안 좋아서 영어로 말하는 것에 자신이 없습니다."

영어 교육과 관련하여 이런 걱정을 하는 분들이 계신다. 영문학을 전공했지만 국내파라 나 역시 발음에는 자신이 없다. 같이 영어 공부를 하다 보면 정우가 가끔 내 발음을 듣고 재미있어한다. 아이는 순수하게 토종 한국인과 원어민의 발음을 비교한 것이다. 내가 원어민의 버터 같은 'r' 발음을 따라갈 수 있으랴! 그래서 쿨하게 인정한다.

"엄마는 콩글리시야. 이제 원어민은 어떻게 발음하는지 같이 들어보자."

인터넷 영어사전이나 학습기를 이용하면 영국식, 미국식 발음을 모두 들을 수 있다. 정우는 요즘 미국식 발음과 영국식 발음의 차이를 발견하고 신기해한다. 아이들도 좋은 발음과 그렇지 못한 발음을 구분할 줄 안다. 그러니 혹시라도 아이가 나 때문에 발음이 나빠지진 않을까 염려할 필요 없다. 중요한 것은 아이와 함께 공부하려는 부모의 의지다. 앞으로도 나는 한석봉 어머니처럼 정우에게 말할 것이다.

"아들아. 너는 레시피를 읽어라. 엄마는 요리를 할 테니."

학습과 체험의 연결,
수학도 만지면서 하자

"아름다운 이 땅에 금수강산에 단군 할아버지가 터잡으시고…"

누가 이 부분을 선창했을 때 다음 가사가 저절로 떠오른 다면 〈한국을 빛낸 100명의 위인들〉이라는 노래를 알고 있는 사람이다. 노래를 흥얼대며 가사를 써보자. 100명이나 되는 위인들의 업적을 어떻게 외웠나 싶어질 것이다.

구구단도 그렇다. 특정 곱셈이 헷갈릴 때 처음부터 외우다 보면 저절로 떠오르지 않던가. 구구단은 머리가 아닌 입과 몸의 리듬으로 외우게 되는 것일지도 모른다. 또 구구단을 외우라고 하면 약속한 듯 일정한 음높이와 리듬으로 합창하는 것도 재미있는 부분이다.

그러고 보면 기억의 통로는 참으로 다양하다. 암기를 할 때 눈으로 보면서 손으로 쓰고 입으로 외우는 작업을 동시에 하면 훨씬 잘할 수 있다. 시각으로 받아들여진 정보가 손과 입, 귀를 통해 재입력되기 때문이다. 특정 정보를 체화하고 기억의 유통기한을 늘리려면 여러 감각의 협동 작업이 필요하다. 그래서 나는 아이의 학습과 오감을 활용한 체험을 연결하려고 노력하는 편이다. 영어 레시피로 요리하기도 그중 하나다.

정우가 단위에 대해 배울 땐 눈금 실린더에 우유를 담아 정해진 밀리리터(mL)만큼 담아보게 했고, 저울에 그릇을 올리고 설탕을 담아서 그램(g)과 킬로그램(kg)의 차이를 확인할 수 있게 했다. 그리고 기화 현상을 배울 때는 물을 끓여서 수증기가 올라가는 것을 보여주었다.

수학에도 체험이 적용될 수 있다. 예를 들어 '4개짜리 연결 큐브 모양 2개를 연결하여 새롭게 만들 수 있는 모양을 모두 고르시오'라는 문제를 풀 때는 큐브로 직접 모양을 만들어본다. 수학을 만지면서 학습하면 남들과는 다른 문제 해결의 통로를 가질 수 있다. 주산을 배운 사람이 허공에 주판을 튕기면서 암산을 하는 것처럼 말이다. 이렇게 학습과 체험을 연결하면 특정 정보를 머릿속에 이미지화하는 힘을 기를 수 있다.

물론 모든 과목에 체험을 적용하긴 어렵다. 시간과 비용 면에서 힘에 부치기도 할 것이다. 그럴 경우 이미지나 영상 같은 시각 자료만 잘 활용해도 큰 도움을 받을 수 있다.

광합성은 배우는 아이도 설명하는 나도 애를 먹었던 과학 개념이다.

'광합성은 식물이 빛을 이용해 스스로 양분을 만드는 과정이다.'

이 개념을 단순히 머리에 입력할 수는 있겠지만, 배경지식이 부족한 아이 입장에선 얼마나 막연할까? 그럴 땐 관련 영상을 찾아서 보여주자. 나무와 같은 녹색식물이 광합성하는 장면을 실사나 그래픽으로 설명해주므로 더 쉽고 재미있게 이해할 수 있다.

나도 아이의 질문을 받거나 설명이 필요할 때 속으로 '오마이 갓!'을 외친 적이 한두 번이 아니다. 말로 여러 번 설명해도 이해가 되지 않는 것은 직접 눈으로 보는 것이 훨씬 효과적이다. 아이가 기공에 대해 물어보았을 때는 화분 앞으로 데려갔다. 며칠 전에 책에서 읽은 단어였는데 이미지화되지 않아서 그런지 정우의 기억에서 사라져버렸다. 나는 식물의 잎사귀 뒷면을 보여주면서 말했다.

"기공은 한자로 '공기 기'와 '구멍 공'이 합쳐진 말이야. 즉 '공기가 드나드는 구멍'이란 의미지. 이 잎사귀를 자세히 들여다보렴. 기공이 보이니?"

"안 보이는데요?"

"그렇지? 너무 작아서 현미경으로 봐야만 보일 거야. 그럼 인터넷에서 식물의 기공이 어떻게 생겼는지 찾아볼까?"

그런 다음 웹서핑으로 이미지를 찾아서 보여주면 아이는 고개를 끄덕이며 "아!" 한다.

단순히 말만으로 개념을 이해하는 것보다 영상이나 이미지를 보면 훨씬 오래 기억할 수 있다. 어려운 원리를 이해시켜야 할 때는 아이의 수준에 맞는 쉬운 영상을 찾아 여러 번

내 아이를 영재로 바라보면 영재가 된다

보여주는 것이 좋다.

학습과 체험의 연결은 일상적인 것일수록 좋다. 아이의 귀가 뜨이게 해주겠다고 방학 동안 미국 여행을 가거나 신라 시대 유물을 눈으로 확인하기 위해 경주를 방문하는 일 등은, 물론 도움이 되겠지만 효율이 떨어지는 일회성 이벤트에 가깝다. 요즘은 교과과정과 연계된 학습 프로그램들이 잘 마련되어 있다. 학교에서 삼국 시대에 대해 배운다면 관련 정보와 이미지, 영상들을 아이에게 다채롭게 제공하자. 이런 홈러닝 프로그램을 이용하는 것이 지속적인 학습에는 더 도움이 된다.

정우와 나는 잠들기 전까지 수다를 떠는 편인데 나는 자주 그 시간을 아이 학습에 활용한다.

"우리 지난번에 여행 갔을 때 말이야. 공항에서 환승하려고 어떤 팻말을 찾았잖아. 거기 영어로 뭐라고 쓰여 있었는지 기억나? 갑자기 기억이 안 나서 답답해."

"아, transfer라고 쓰여 있었던 것 같아요."

"그래, 이제 기억나네. 그럼 짐 찾는 곳은 뭐라고 쓰여 있었지?"

"baggage claim이요. 그때 엄마랑 나랑 '우리 저거 기억하자' 했었잖아요."

"맞아. 정우 덕분에 다 생각났어. 고마워."

영어 공부 역시 일상적인 체험과 연결하는 것이 오래 기억하는 데 큰 도움이 된다. 물론 질문은 자연스럽게, 정말 모르는 것처럼 하는 것이 포인트다.

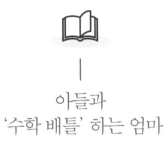

아들과
'수학 배틀' 하는 엄마

"오늘은 여기서부터 여기까지야."

"좋아요! 준비, 시작!"

구령이 떨어지면 모자의 '수학 배틀'이 시작된다. 엄마라고 봐주는 것 없고, 아들이라고 봐주는 것도 없다. 방 안에는 연필이 종이를 스치는 소리만 들릴 뿐이다. 숨 막히는(?) 정적을 깨고 누구든 먼저 "끝!"이라고 외치면 게임 종료다. 물론 채점을 해봐야 정확한 승부가 가려지지만.

자기가 이기면 정우는 득의양양해진다. 그럴 땐 자식이지만 좀 얄밉다. 반대로 내가 이기면 분하고 서운한 얼굴이 된다. 정우 표정이 재밌어서 더 신나게 승리를 만끽하는 엄마가 바로 나다. 그래서일까. 가끔은 정우와 내가 부모와 자식 간이 아니라 같은 반 친구처럼 느껴진다.

우리는 주기적으로 누가 더 빨리 그리고 정확하게 문제를 푸는지를 두고 경쟁한다. 엄마와 아들이 책상에 나란히 앉아서 기를 쓰고 서로를 이기려는 모습을 남편은 신기하다는 듯이 쳐다보곤 한다.

학습 방식을 결정할 때는 아이의 성향을 미리 아는 것이 중요하다. 정우는 경쟁을 부담스러워하지 않고 승부욕이 있는 성향이라 마치 게임을 하듯 학습하는 것을 좋아한다. 나는 그런 성향을 학습에 적절히 이용하고 있다.

방송이 나간 뒤 많은 분이 아이와 같은 문제집을 푸는 모습을 보고 놀라워하셨다. 사실 나도 그렇게까지 할 생각은 없었다. 그런데 아이와 모든 것을 함께하면서 공부 습관을 들여주려던 것이 계기가 됐다.

처음엔 정우가 문제집을 푸는 동안 눈으로 지켜보기만 했는데 수학 심화 문제 같은 건 은근히 풀기가 까다로웠다. 그래서 아이가 학교에서 돌아와 자습하기 전에 눈으로만 문제를 스캔해 대충 풀어보았다. 정우가 질문할 때 버벅대지 않고 대답해주기 위해서다. 문제집도 필요한 부분만 복사해서 쓰다가 결국 같은 문제집을 두 권 구입하게 됐다.

같은 문제집을 풀게 되니 아이의 수준을 정확하게 알게 되어 맞춤형 학습이 가능해졌다. 또 서점에서 새로운 문제집을 고를 때 기존의 문제집에 없는 새로운 유형의 문제가 출제된 것을 고를 수 있다. 그동안 한 번도 풀어본 적 없는 유형을 발견하면 두 권을 사서 내가 먼저 예습한다.

우리는 종종 "이번 단원은 진짜 어려웠다. 정말 고생했어" 하고 서로를 토닥인다. 같은 수준으로 공부하면서 느끼게 된 동질감이라고나 할까. 고학년이 될수록 학업의 부담이 커질 텐데 정우는 엄마를 라이벌 삼아 공부하면서 아직은 무게보다 재미를 더 느끼는 것 같다. 하지만 고학년이 될수록 정우의 라이벌이 되기가 점점 힘에 부친다. 각자 문제집 표지에 '신'과 '조'라고 써놓았고 맨 앞 장에 승률을 기록하는데, 현재는 비등비등하지만 곧 정우 쪽으로 기울게 될 것이다.

문제집 선정은 보통 내가 미리 몇 가지를 골라두고 아이를 서점에 데려가 최종 결정을 하게 한다. 이미 한번 추려놓은 것이기에 사실 어떤 것을 선택해도 상관없다. 비록 일정한 범위 안이지만 자기 문제집을 직접 선택하는 즐거움을 느끼게 해주고 싶어 이렇게 하고 있다.

문제집은 수준에 맞춰 고르되 '기본-유형-심화'의 3단계를 밟는다. 기본을 뛰어넘고 바로 심화 단계로 나아가면 반드시 구멍이 생긴다. 어떤 과목이든 개념을 정확히 파악하는 것이 가장 중요하다. 그래서 교과서를 기본으로 본 다음 개념서를 공부하고, 유형을 파악할 수 있는 문제집을 푼 뒤 심화 단계로 나아간다. 정우는 1학년 때부터 지금까지 이 단계를 유지하고 있다.

문제집은 보통 하루 2장 정도의 양을 푼다. 시험이 닥치거나 대회를 준비할 때는 10장을 풀 때도 있고, 한 단원 전체를 풀 때도 있다. 학습량은 기본 스케줄을 유지하되 아이의 컨디션과 상황에 따라 조금씩 조절하는 편이다.

평생 공부 습관은 궁둥이 붙이고 앉는
10분에서부터

SNS를 통해 받은 한 통의 메시지에 생각이 많아졌다.

"방송에서 정우 엄마가 아이와 같이 문제집을 푸는 모습을 봤어요. 저도 정우 엄마처럼 아이의 학습을 도와주려면 일을 그만둬야 하는지 고민이 돼요."

얼굴도 모르는 분이지만 그 답답한 마음을 알 것 같았다. 나도 자식들을 멋지게 키워낸 분들의 책을 읽으며 따라 하고 싶기도 했고 내 모자람을 자책하기도 했다. 그렇게 부족한 사람인데 조언을 구하는 메시지를 받게 되면 정말 부끄러워서 숨고 싶어진다. 고민을 거듭하며 집으로 향하던 중

잠시 멈춰 서서 답장을 써서 보냈다.

"저도 방송에서 보이는 것처럼 완벽한 사람이 아니에요. 저도 일을 할 때는 아이를 봐줄 시간과 체력이 안 됐어요. 그럴 땐 양보다 질로 승부해야 하더라고요. 내 스케줄을 고려해서 아이에게 집중할 수 있는 스케줄을 짜보는 건 어떨까요?"

나도 워킹맘일 때는 항상 시간이 부족했다. 그래서 퇴근 이후만이라도 아이에게 올인하기로 했다. 집에 오자마자 아이와 놀아주고, 공부를 봐주고, 잠이 들기 전엔 책을 읽어주었다. 때로는 아이를 재우다가 화장도 지우지 않은 채 그대로 잠이 들기도 했다. 남들은 6~8시간 아이와 함께하며 하는 일을 2~3시간에 압축해서 해내기 위해 최선을 다했다. 몸은 피곤했지만 마음은 전보다 훨씬 가벼웠다. 요즘에는 엄마라는 이유로 자신의 커리어를 포기하기 어렵다. 그러니 자신이 처한 환경에서 가장 나은 선택을 하는 수밖에 없다고 생각한다.

나는 정우가 초등학교 졸업 전에 반드시 들여야 할 좋은 습관이 '자기주도적인 공부 습관'이라고 보았다. 평생 공부 습관의 기틀을 마련하는 시기가 6세부터 13세까지다. 이때 좋은 습관을 만들어야 중학교 진학 이후에 편해진다.

아이들은 처음엔 얌전하게 궁둥이를 붙이고 10분도 앉아 있기 힘들어한다. 그러니 욕심을 버리고 연령대에 맞게 차차 시간을 늘려가야 한다. 또 아이를 혼자 두어선 안 된다. 공부하라면서 방문을 닫아버리면 아이들은 뭘 어떻게 해야 할지 모른다. 어릴수록 더욱 그렇다. 처음에는 부모가 옆에서 지켜보며 자세를 바로잡아 주어야 한다. 매일 시간을 정해 실행하는 것이 가장 좋지만, 상황이 여의치 않다면 주말을 이용하자. 또 그냥 공부하라고 하기보단 과목과 목표량을 구체적으로 정해주는 것이 좋다.

아이 옆에 앉을 때 명심할 점은 단순히 감시자가 되면 안 된다는 것이다. 부모도 공부를 하듯 집중할 수 있는 것을 챙겨 와야 한다. 부모가 감시만 하고 있으면 아이는 부담을 느끼고 재미와 의욕을 잃는다. 엄마ㆍ아빠도 자기처럼 뭔가 열심히 한다는 느낌을 주는 것이 포인트다.

나도 처음엔 정우 옆에 앉아서 공부하는 걸 지켜보기만 했다. 그러다 보니 졸음이 쏟아지기도 하고 핸드폰을 보게 되는 때도 있었다. 그러면 아이에게 똑바로 앉아서 공부하라고 할 면목이 없다. 그래서 할 일이나 읽을 책을 챙겨 왔고 문제집도 함께 풀게 됐다. 가끔은 아이가 문제집을 푸는 동안 밀린 집안일을 하거나 쉬고 싶기도 했지만, 지금의 공부 습관이 평생 간다는 생각을 하면서 마음을 다잡았다.

공부를 하는 동안 아이가 모르는 것이 생길 수도 있다. 그런 문제들을 꼭 같이 풀어줄 필요는 없다. 대신 아이에게 진득하게 생각할 기회를 주자. 나도 정우가 푸는 문제들 중에 모르는 것이 있다. 그럴 땐 "엄마도 설명해주기 어렵네. 정우가 연구해보고 엄마에게 알려줄래?" 하고 말한다.

그럼 일주일이든 보름이든 아이는 풀리지 않는 문제에 대해 생각한다. 당장 해결하려 하지 말고 시간을 주는 것이 중요하다. 그럼 결국 스스로 문제를 해결하기도 한다. 그때 큰 성취감을 느끼게 되는 것은 물론이다. 문제의 답을 찾지 못하더라도 스스로 생각하는 힘을 기르는 연습을 했다는 점에서 의미가 있다. 대한민국의 교육 환경에서 아이들이 이런 여유를 가지고 한 문제에 매달릴 수 있는 시기는 초등학교 때가 유일하지 않을까. 그러니 좋은 공부 습관과 스스로 생각하는 힘을 기를 수 있는 이 시기를 놓치지 말자.

아이가 모르는 문제를 꼭 같이 풀어줄 필요는 없다.
대신 아이에게 진득하게 생각할 기회를 주자.

아이가 공부를 좋아하게 하려면 어둡고 퀴퀴한 공간이 아니라 카페처럼 밝고 깨끗한 공간이 좋다. 그래야 공부에 대한 좋은 기억을 가질 수 있다. 사람은 성장기에 어떤 환경에 노출되느냐에 따라 다른 인생을 살게 된다고 한다. 공부 환경도 마찬가지다. 어린 시절 공부에 대한 좋은 기억을 만들어 준다면, 대학 입시까지 비교적 수월하게 달려갈 수 있을 것이다.

· 3장 ·

영재성을 깨우는 환경 만들기

정우는 어떻게 공부할 때 좋아?

공부에 대한
좋은 기억을 만들어주라

학교에 입학하면 이동 수업을 제외하고는 교실의 자기 자리에 앉아 있게 된다. 몇 시간씩 한 공간에 앉아 있다가, 학원이나 집에 가서도 책상에 앉아 공부한다. 당연하게 여겨지지만 지루하고 힘든 일이다. 어린 초등학생에겐 더욱 그렇다. 공부는 궁둥이 힘으로 한다는 것엔 동의하지만, 너무 일찍부터 질리게 할 필요가 있을까 싶다.

정우는 3학년 때부터 책상 앞에 앉아 있는 시간이 늘어났다. 숙제와 자율학습을 하려면 기본 2시간이 필요했다. 그런데 한 공간에 오래 앉아 있다 보면 공기가 금세 탁해진다.

어느 날은 나도 졸음이 오고 집중력이 떨어져서 창문을 열어 환기를 했다. 그리고 아이에게 차 한 잔을 주면서 쉬게 한 다음, 서재로 자리를 옮겨 남은 공부를 하게 했다.

현재 정우는 자기 방과 서재에 각각 2개, 총 4개의 책상을 두고 용도에 맞게 활용하고 있다. 공간을 바꾸면 아이가 산만해지지 않느냐고 물어보는 분도 계신다. 아이 성향에 따라 다르겠지만 정우에겐 이 방식이 훨씬 도움이 됐다.

내가 이 방식을 선택하게 된 데엔 분명한 이유가 있다. 공간을 바꿈으로써 'refresh'하게 하고 공부에 질리지 않게 하기 위해서다. 한 공간에서 여러 과목을 집중력 있게 공부하는 것은 중학생이 된 이후에 해도 늦지 않다고 생각한다. 유치원에 다닐 때를 떠올려보면 한 공간에 있지 않고 활동에 따라 블록놀이방, 학습방, 체육실 등 공간을 바꿔주지 않던가. 그때처럼 공간을 바꿔가며 공부하면 잠시 허리를 펴고 머리도 식히면서 기분 전환을 할 수 있다.

공부는 마라톤과 같다. 대학 입시까지 속도를 잘 조절하며 달려야 한다. 지금 에너지를 다 써버리면 정말 중요할 때 흔

들리게 된다. 정우만 봐도 충분히 알 수 있는데, 요즘 초등학생들은 할 일이 정말 많다. 하지만 아직은 수험생처럼 공부시키고 싶진 않았다. 그래서 스케줄을 짤 때 1시간 공부하면 잠시 책을 읽으면서 쉬고, 그 뒤에 다음 과목을 공부하게 한다.

"오늘은 핫초코야. 이거 마시면서 책 읽어."

첫 타임 공부가 끝나면 아이가 좋아하는 차를 한 잔 준다. 핫초코, 카모마일, 루이보스티, 귤피차 등 아이용 차를 여러 가지 준비해두고 종류를 바꿔가면서 주고 있다. 그리고 독서를 할 때는 책 종류를 제한하지 않는다. 책은 재미있다는 생각을 갖는 것이 중요하기 때문이다. 책은 독서 책상이 아닌 소파나 침대 등 어디서나 봐도 된다. 공부할 때는 정자세로 하지만 독서는 편한 대로 하게 놔두는 편이다. 그동안 나는 정우 방 환기를 하고 책상도 깨끗한 상태로 만들어놓는다.

언젠가 교육컨설턴트이자 작가인 조승연 씨와 방송을 한 적이 있다. 그때 그분이 한 말씀이 인상적이었다.

"아이가 공부를 좋아하게 하려면 어둡고 퀴퀴한 공간이 아니라 카페처럼 밝고 깨끗한 공간에서 하게 하세요. 그래야 공부에 대한 좋은 기억을 가질 수 있습니다."

정우의 예만 봐도 맞는 말씀이라고 생각한다.

나는 학습 공간을 나누고 시간표를 짜서 중간에 힐링하는 시간을 주고 있지만, 이것이 꼭 정답은 아니다. 내 아이의 성향을 파악해서 그에 맞는 공부 공간과 루틴을 만들어주면 된다. 또한 학습 공간을 나누는 것에 부담을 가질 필요도 없다. 방이 하나뿐이라 해도 한 타임은 아이 책상에서, 그다음은 거실이나 식탁에서 할 수도 있다.

사람은 성장기에 어떤 환경에 노출되느냐에 따라 다른 인생을 살게 된다고 한다. 공부 환경도 마찬가지다. 어린 시절 공부에 대한 좋은 기억을 만들어준다면, 대학 입시까지 비교적 수월하게 달려갈 수 있을 것이다.

공간을 기능별로,
책상을 용도별로 나누라

정우 방엔 침대가 없다. 즉 잠을 자는 곳이 아니란 의미다.
이유를 묻는 분들에게는 이렇게 대답한다.

"독서실에도 침대가 없잖아요."

정우 방은 온전히 공부를 위한 공간이기에 책장과 책상
2개뿐이다.

만약 방에 침대가 있다면? 나라도 조금만 피곤하면 푹신한
침대 위에 눕고 싶어질 것이다. 또 피아노나 컴퓨터가 있다면?
집중력이 흩어질 때 피아노를 치거나 컴퓨터를 켜게 될 수 있
다. 정신을 산만하게 하는 것은 원천봉쇄하는 것이 낫다.

정우 방에 있는 2개의 책상 중 메인 책상은 집중력이 필요한 수학, 과학을 공부하는 곳이다. 책상 위에 있는 건 그날 해야 할 몫의 교과서와 문제집, 필기도구, 식물 하나가 전부이며 깨끗하게 관리하는 것이 원칙이다.

보조 책상은 정우가 메인 책상에서 공부할 때 내가 옆에서 책을 읽거나 함께 공부할 때 사용한다. 영어나 중국어처럼 대화가 필요한 어학 공부도 이 책상을 활용한다. 즉 멀티로 이용하는 책상이다.

나머지 2개의 책상은 서재에 있다. 그중 독서 책상은 책을 읽으며 차와 간식을 먹는 곳이다. 컴퓨터 책상은 컴퓨터 스킬을 배우는 데 사용한다. 코딩이 초등학생 필수과목이 된 만큼 요즘은 컴퓨터를 잘 다루는 것도 중요하다. 정우도 컴퓨터로 코딩, 파워포인트, 워드 등을 연습하고 영재원 친구들과 공유한 학습용 게임 등을 한다.

3학년 때부터 공간과 책상을 나누어 공부하다 보니 정우는 정해진 공부가 끝나면 일어나서 방을 나간다. 해야 할 일을 완료함과 함께 보람과 성취를 느끼는 듯하다. 그리고 남은 시간 동안 차와 간식을 먹거나 바로 책을 읽으러 간다.

아빠를 닮아서인지 참 끼가 많고 흥이 많은 정우다.
요즘 유행하는 귀 움직이는 토끼 모자를 쓰고 공부하는 모습.

공부를 마치고 방 밖으로 나가는 행동은 하나의 단계가
완결됐다는 것, 마침표를 찍었다는 의미가 된다. 그리고 공
간을 바꿈으로써 새로운 단계로 이동한다는 느낌을 준다.
그래서일까. 정우는 피곤해하거나 지루해하는 기색 없이 공
부 스케줄을 수행하는 편이다.

사람마다 선호하는 공부 환경과 습관은 다르다. 커피숍처럼 약간의 소음이 섞여야 공부가 잘되는 사람, 이어폰을 꽂고 음악을 들으며 해야 하는 사람, 독서실처럼 매우 조용한 공간이 필요한 사람 등 다양하다.

무엇이든 습관 들이기 나름이기에 최근에 내가 신경 쓰는 것은 아이가 지나치게 소음에 예민해지지 않도록 하는 것이다. 그래서 방문을 닫고 독서실처럼 조용한 분위기에서 공부하게 하지 않는다. 시험이 있는 날 밖에서 비행기가 날아가거나 근처에서 공사를 하는 등 환경이 열악할 수도 있기 때문이다. 어떤 환경에서든 집중력을 발휘하게 하는 데에도 연습이 필요하다.

정우가 고집하는 습관이 있다면 책상을 깔끔하게 정리하는 것이다. 1학년 때부터 들인 습관이라 가끔 내가 바빠서 정리를 못 해주면 자기가 나서서 한다. 그래야 집중이 잘된다고 한다.

초등학생 시기는 본격적인 공부 마라톤을 준비하는 단계다. 이것저것 시도해보는 걸 두려워하지 말아야 한다. 일단 시도해봐야 아이에게 무엇이 잘 맞고 무엇이 안 맞는지 알 수 있으며, 안 좋은 것은 습관으로 굳어지기 전에 수정할 수 있다. 그러니 아직은 자유로운 초등학생 시기를 내 아이만의 공부 환경을 만드는 연습 기간으로 삼아보는 게 어떨까? 나도 다양한 시도를 해보면서 현재의 루틴을 만들 수 있었다.

'나는 이런 환경에서 공부할 때 편안해.'

'나는 이렇게 공부할 때 집중력이 최고로 발휘되고 성과도 좋았어.'

이렇게 아이가 자기에게 가장 편안한 환경을 알게 되면 이것은 자연스럽게 나만의 공부 비법이 되고 좋은 성적으로 이어진다.

내 아이를 영재로 바라보면 영재가 된다

 메인 책상

초등학생부터 고등학생 때까지 사용할 수 있는 높낮이가 조절되는 책상을 사용한다. 키에 맞지 않는 책상을 사용하면 자세가 나빠지고 집중력에도 방해가 된다. 아는 분의 딸이 고3이 될 때까지 한 책상에서 공부했다는 이야기에 관심이 생겨서 성우가 초등학교 1학년 때 구입했다. 또 차가운 기운이 올라오는 것은 좋지 않기에 유리는 깔지 않는다. 책상에는 될 수 있는 대로 물건을 많이 올리지 않는다.

 책상 위 필기도구

정우는 나를 닮아서 문구류를 좋아한다. 하지만 공부할 땐 간소하게 필기하는 검은색 볼펜, 중요한 걸 체크하는 빨간색 볼펜과 첫 번째 문제를 틀릴 때 사용하는 파란색 볼펜,

형광펜 등을 사용한다.

책상 위 조명

조명도 공부에 많은 영향을 미친다. 미술처럼 감수성이 요
구될 땐 오렌지색 조명이, 수학이나 과학처럼 집중력과 사
고력이 요구될 땐 푸른빛이 도는 흰색 조명이 도움이 된다
고 한다. 현재 정우가 사용하는 조명은 푸른빛이 감도는 흰
색 LED 조명이다. 스탠드를 고를 땐 조도가 균일한지 시력
보호를 위해 눈부심 방지 기능이 있는지 등을 잘 확인해야

한다. 또 어두운 곳에서 스탠드만 켜면 눈이 피로해질 수 있으니 방전등과 함께 켜도록 한다.

📖 책상 위 식물

식물은 공기를 정화할 뿐 아니라 스트레스를 완화해준다. 정우 책상 위에는 언제나 식물 하나가 올라가 있는데 계절과 분위기, 필요한 기능에 따라 종류를 바꾼다. 보통 로즈메리, 페퍼민트, 산호수, 파키라 등 네 가지 식물 위주로 올려둔다.

한달에 몇 번 반포 꽃 시장에 들러 생화를 구입해 책상 위, 집안 곳곳에 배치해둔다.

로즈메리는 보습, 살균작용이 뛰어나고 뇌 기능을 활성화한다. 또 불안감과 스트레스를 완화하는 효과가 있어 향초도 로즈메리 향을 사용한다. 페퍼민트는 청량한 향기가 머리를 맑게 해주고 집중력에 도움을 준다. 산호수는 미세먼지가 많은 시기에 특히 유용하다. 미세먼지와 오염물질 제거에 좋고 음이온을 발생시켜 집중력을 향상시킨다. 파키라는 전자파를 차단해주고 마음을 편안하게 해주는 공기정화 식물이다.

친환경 벽지

벽지의 색은 방의 전체적인 분위기를 결정한다. 남색과 녹색 계열의 벽지는 눈의 피로를 풀어주고 집중력 향상에도 도움이 된다. 정우가 어릴 때 방 벽지도 이런 색이었다. 그런데 정우는 과거에 아토피가 있었고 지금은 비염과 알레르기가 있어서 기능성도 함께 고려하게 됐다. 그래서 환경성 알레르기 질환을 예방하고 숲에서 삼림욕을 하는 듯한 효과를 주는 노송나무(편백) 산소 벽지를 사용하고 있다.

*정우가 사용하는 벽지: 에덴 바이오 벽지(edenbio.co.kr)

 정우 방 책장

정우 방 한 면은 전체가 책장이다. 정우가 공부할 때는 책꽂이와 등을 지게 되며 정우의 메인 책상엔 따로 책꽂이가 없다. 오직 공부에만 집중할 수 있도록 하기 위해서다. 책장엔 교과 공부와 관련이 있는 문제집, 참고서와 영재원 준비할 때 참고했던 책들, 수학과 과학 관련 도서, 위인전 등이 꽂혀 있다.

초등학생 시간표
이렇게 짜라

원칙 1. 아이의 의견을 반영하라

공부법과 관련된 책을 읽고 경험담을 듣다 보니 공부 잘하는 사람들에겐 공통점이 있었다. 계획을 철저히 세우고 시간을 효율적으로 사용했다는 것이다. '초등학생한테 벌써 계획적인 시간표가 필요할까?' 하는 생각을 할 수도 있지만, 뭐든 첫 단추를 잘 끼워야 한다. 시간표를 짜고 지키는 것은 자기 관리의 시작이다. 초등학생 때 이 습관을 들여야 중·고등학교 때까지 이어진다.

정우는 초등학교에 입학한 뒤부터 시간표를 짜서 생활했다. 학교와 학원, 운동 같은 고정 스케줄이 있기 때문에 보통 일주일 단위로 스케줄을 짠다. 또 학교 시험과 각종 대회 등을 준비하기 위해 월간, 연간 단위의 스케줄도 대강 정리해둔다.

처음에는 내가 주도적으로 시간표를 짰다. 그러다 3학년 때부터는 정우와 상의해서 시간표를 짜고 있다. 3학년쯤 되니 아이도 자기 주관이 생겨서 솔직한 생각을 이야기한다.

"시험 준비 기간에는 매일 읽는 책 시간을 조금 줄여야겠어요. 공부량이 늘어나니까 힘들어요."

"엄마는 괜찮을 줄 알았는데 버거웠던 모양이구나? 그럼 시험 기간에는 양을 줄이도록 하자. 시험 끝나고 마음껏 책 읽고. 어때?"

"네. 좋아요."

이렇게 내가 짠 시간표를 정우가 검토하고 내용을 수정했다. 내 생각에는 부담스러워 보이지 않아도 아이가 좋아하지 않는 눈치면 수정하거나 뺐다. 엄마 마음대로 시간표를 짜면 아이가 불만을 갖거나 지칠 수 있다. 아이의 동의를 구하는 것은 시간표를 짤 때 가장 기본적인 원칙이다.

4학년 2학기부터는 가끔 정우 혼자 시간표를 짜도록 연습을 시키고 있다. 지금은 엄마가 시간표를 만들지만 결국 아이 스스로 해야 할 일이기 때문이다. 내가 시간표를 짜줄 수 있는 건 6학년 때까지라고 생각한다. 초등학교 졸업 전까지 자기 시간을 관리하는 습관을 체화하게 하는 게 나의 목표다.

원칙 2. 컨디션을 반영해서 실행하라

물론 항상 시간표대로 되진 않는다. 나는 아이가 학교 셔틀버스에서 내리면 얼굴부터 살핀다. 피곤한 기색을 보이면 한잠 재우고 다음 스케줄을 진행하거나 도저히 안 되겠을 땐 꼭 필요한 일만 마치고 쉬게 한다. 땀을 흘렸으면 공부하기 전 샤워를 해서 기분이 상쾌해지게 하고, 배가 고프다고 하면 좋아하는 간식을 챙겨준다.

"나 몸살인가? 오늘 너무 피곤해요."

가끔 아이가 자기 입으로 힘들다고 말하는 날에는 스케줄을 강요하지 않는다. 그럴 땐 푹 쉬게 하거나 좋아하는 걸

하게 한다. 시간표를 지키는 것도 중요하지만 아이 컨디션을 반영하는 것도 매우 중요하다. 어른들도 때로 축 처지고 컨디션이 안 좋은 날이 있지 않은가.

"그럼 우리 같이 TV 볼까?"

정우에게 TV는 가끔 이벤트처럼 보는 것으로, 일상적인 것은 아니다. 내 말에 아이 얼굴이 금세 밝아진다. 같이 TV를 보고 간식을 먹는 사이 아이의 컨디션도 회복된 듯했다.

"엄마. 이제 안 아픈 것 같아. 밥 먹고 오늘 할 공부 할래요."

"괜찮겠어? 피곤하면 쉬는 게 낫지 않을까?"

"이제 좀노 버리노 사버워졌어요. 정말 괜찮아요."

"그럼 오늘 꼭 해야 할 것만 얼른 마치고 쉬자."

정우는 가능하면 시간표를 지키고 싶어 한다. 매일 하루 시간표를 검토해서 그날 정해진 몫을 몇 개 완료했는지 체크하고, 금요일 저녁 '정산' 을 함으로써 보상을 받기 때문이다. 보상은 엄마가 준비한 상품권과 정우가 미리 제출한 위시리스트로 받는다. 정우는 영화 보러 가기, 친구 집에서 자고 오기, 축구 경기 보러 가기 등 주말에 하고 싶은 것을 위시리스트로 만든다.

예전에는 아이 학교가 끝나면 바로 학원에 보냈다. 지금 생각하면 참 미안하다. 어른들은 아이를 학교에 보내고 잠시 쉴 수 있지만, 아이는 종일 학교에 있다가 다시 학원으로 직행해야 한다. 그것이 아이 입장에서 지치는 일이 되겠다는 생각을 하고부터는 학교를 마치면 잠깐이라도 집에 데려간다.

집에 오면 정우는 세수를 하거나 옷을 갈아입고, 좋아하는 간식을 먹는다. 정우는 잔치국수, 떡볶이, 김밥, 유부초밥, 핫케이크, 고구마 맛탕, 낫토, 과일, 구운 두부, 삶은 달걀 등 포만감과 에너지를 주는 간식을 좋아한다. 아이가 지쳐 보이면 홍삼이나 비타민B 등 활력을 줄 수 있는 보조식품이나 황기, 맥문동, 대추, 도라지 등을 약탕기에 끓인 물 등을 챙겨 먹인다. 그렇게 잠시 집에서 힐링과 충전을 하게 하고 다음 스케줄에 맞춰 보낸다.

학교 끝나고 바로 학원에 가지 않게 되고부터 정우는 셔틀버스를 타고 하교한다. 며칠 전 차에서 내리는 아이 얼굴이 환했다. 뭔가 좋은 일이 있었구나 싶어 물어보니 셔틀을 타고 오면서 동네에 사는 동생을 사귀었다고 했다. 정우가 다니는 학교는 여러 지역에서 오는 아이들이 많아 동네에 친구가 별로 없다. 만약 학교가 끝난 아이를 바로 학원으로 보냈다면 만날 수 없었던 우연이다.

주말에는 오전에 영재원 수업을 다녀와서 농구, 축구 등의 팀운동을 한다. 정우는 친구들을 만나는 주말을 손꼽아 기다린다. 이 팀운동 모임은 내가 나서서 만들었다. 동네 친구를 사귀기 어려운 환경이라 아이가 안쓰러웠기 때문이다. 덕분에 성우는 주말에는 친구들과 어울리며 체력도 키우고 있다.

정우는 저학년일 때 더 빡빡한 스케줄을 수행했고 지금은 상당히 느슨해졌다. '이제 곧 중학생인데 더 열심히 해야 하지 않을까?' 하는 생각이 없는 것은 아니다. 그런 생각이 들 때마다 혼자 조바심이 난다. 하지만 초등학생 시절 마지막 낭만을 지켜주자는 생각으로 나의 불안함과 욕심을 덜어내고 있다. 중학생이 되면 본격적인 경쟁을 시작해야 할 테니 지금만이라도 아이다운 시간을 누리게 해주고 싶다.

학습 의욕을 높여주는
보상 전략

금요일 밤은 정우에게 일주일 중 가장 신나는 날이다. 그날 밤은 늦은 시간에 하는 TV 프로그램을 볼 수 있고, 다음 날은 친구들과 팀운동이 예정되어 있다. 또한 일주일간 노력한 대가를 받는 '정산'의 밤이기도 하다.

금요일에 우리는 스케줄을 얼마나 달성했는지 점검한다. 주중에 시간표의 스케줄을 완료할 때마다 볼펜으로 체크해놓고, 그중 몇 개를 달성했는지 개수를 센다. 전체 개수 중 80퍼센트를 달성하면 성공한 것으로 여긴다. 그리고 미리 약속한 대가를 정확하게 보상해준다.

그 과정에서 저절로 백분율을 깨치게 되고, 용돈과 경제 관념도 키워졌다. 실생활에서 수학적인 이야기를 나누는 게 수학 공부에 도움이 된다는 것을 책에서 읽은 적이 있는데 아이와 정산을 하면서 체험했다.

나는 정우가 유치원에 다닐 때부터 노력한 것에 대한 보상을 시작했다. 물질적 보상에 대해서 교육적으로 좋지 않다는 의견도 있지만, 나의 경우에는 물질적·정신적 보상을 적절히 섞어 활용하고 있다.

원칙 I. '문구 덕후'에겐 문구를, 좋아하는 것으로 보상하라

정우와 나는 남편도 인정한 '문구 덕후'다. 워낙 서점을 자주 가다 보니 서점 안에 있는 문구숍도 늘 구경하는 편이고, 함께 문구 쇼핑도 즐긴다. 내가 프린터로 인쇄한 상품권을 보상으로 주면 아이는 원하는 대로 볼펜, 형광펜, 수첩 등을 산다. 그리고 월요일에 이걸 가지고 학교에 가서 공부할 생각에 좋아한다. 사실 아이가 상품권으로 사는 문구는 어차피 사주어야 할 것들이다. 하지만 정우는 자신이 노력해서 받은 상으로 필요한 것을 사는 데서 소소한 재미를 느끼는 것 같다.

보상은 그것을 받았을 때 기쁨과 보람을 느끼게 하는 것이 중요하다. 그러려면 아이가 무엇을 좋아하는지 알아야 한다. 문구류를 좋아하는 정우에게 엄마가 내건 문구 상품권은 마음이 동하는 보상이다. 그런데 만약 장난감을 좋아하는 아이에게 책을 상품으로 내건다면? 아이는 아마 관심도 없을 것이다.

적절한 보상으로 의욕을 불러일으키려면 아이가 무엇을 좋아하는지와 또래 아이들의 요즘 관심사가 무엇인지 알아야 한다. 부모가 아이를 주의 깊게 관찰하고 평소 대화를 자주 나눈다면 충분히 알 수 있는 것들이다.

원칙 2. 노력을 통해 얻은 보상의 기쁨을 알게 하라

정우는 승부욕과 끈기가 있는 아이다. 나는 보상을 할 때 아이의 이런 성향을 이용하기도 한다. 4학년 기말고사를 앞두고 아이는 휴대전화를 바꾸고 싶어 했다. 그때 휴대전화를 바꿔줄 타이밍이었지만 나는 시치미를 뚝 떼고 학습계획을 세우고 열심히 미션을 완수하면 바꿔주겠다고 했다.

목표가 생긴 정우는 정말 열심히 노력했고, 결국 원하던 보상을 받게 됐다. 같이 휴대전화를 바꾸러 갔을 때 정우 표정을 잊을 수가 없다. 아이는 상기된 얼굴로 기쁨을 감추지 못했다.

"이렇게 비싼 휴대전화를 정우가 노력해서 얻은 거네? 정말 대견하다. 그동안 그렇게 열심히 노력했으니까 이걸 가질 자격이 충분해."

나는 일부러 아이에게 휴대전화의 정확한 금액까지 알려주었다. 그것은 정우가 그동안 노력해서 얻은 보상 가운데 가장 비싼 것이었다. 그렇게 정우는 할 수 있다는 자신감과 성취감, 그리고 노력의 대가를 얻는 기쁨을 배워갔다.

원칙 3. 나는 약속을 지키는 엄마, '칼같이 보상하라!'

시간표 지키기를 통해 학습 의욕을 높이려면 부모가 반드시 약속을 지켜야 한다. 그래야 아이가 '우리 엄마는 약속을 지키는 사람이고 정확하게 보상을 해준다' 라는 믿음을 갖게 된다.

나는 금요일 정산할 때뿐만 아니라 평소에도 아이가 노력한 것에 대해서는 칼같이, 그리고 즉시 보상하는 것을 원칙으로 한다. 여기서의 포인트는 엄마가 약속에 대해 정확한 모습을 보인다면 이것을 보는 아이 역시 약속의 중요성을 가볍게 여기지 않는다는 것이다.

최근엔 정우가 나와 함께 방송에 출연하게 됐다. 전체 출연료에 정우의 출연료도 포함되어 있기 때문에, 촬영을 마치면 약간의 용돈을 주기로 했다. 그런데 녹화를 마치고 돌아온 날 다른 일을 하느라 용돈 주는 걸 잊어버렸고 마침 현금이 하나도 없었다. 그래서 11시 40분쯤 부랴부랴 밖으로 나가 현금을 인출해 왔다. 다행히 12시가 되기 전 아이의 머리맡에 약속한 용돈을 올려놓을 수 있었다.

다음 날 아침, 정우가 용돈을 발견하고 엄마 참 대단하다는 얼굴로 나를 보았다. 어찌 보면 강박적으로 보일 수도 있지만 나는 아이에게 약속한 것은 반드시 지키는 엄마가 되고 싶다.

원칙 4. 보상 금액은 연령에 맞게, 횟수는 규칙적으로

정우의 보상은 주 단위로 이루어진다. 아이가 어릴수록 기간을 짧게 잡는 것이 좋다. 그리고 가끔 용돈과 문화상품권처럼 물질적인 보상을 할 경우 아이의 연령대를 고려해야 한다.

내가 워킹맘일 때는 함께 시간을 보내지 못하는 것이 미안해서 자꾸 돈으로 보상하려 했다. 자주 장난감을 사주었고, 아이 나이에 맞지 않게 많은 용돈을 주기도 했다. 그러다 보니 아이는 자기가 노력해서 보상을 얻는 기쁨을 맛보지 못했고, 돈의 소중함도 알지 못했다. 이는 특히 워킹맘이 조심해야 할 부분이라고 생각한다. 뼈저린 반성 이후 나는 보상 기준을 명확히 했다. 보상 금액과 횟수는 아이의 경제 관념과 성취도에 큰 영향을 미치는 만큼 엄마가 중심을 잘 잡아야 한다.

원칙 5. 강요하지 말고 스스로 적극성을 갖게 하라

사람이 한결같이 열심히 할 수 있을까. 어른들도 그러지 못한다. 하지만 월급, 휴가, 보너스와 같은 '당근'이 있기에 힘들 때마다 버틸 힘을 얻는다. 정우에게는 시간표를 지키고 목표한 바를 성취하고 얻는 보상이 당근의 역할을 한다.

나는 시간표를 지키라고 강요하지는 않지만 정산은 정확하게 한다. 자신이 원하는 보상이 있을 경우 아이의 태도는 확실히 다르다. 가끔 아이가 나태해지면 나는 조용히 말한다.

"하기 싫구나? 그럼 안 해도 돼."

"이것도 안 지키면 이번 주말에 내가 하고 싶은 것을 못하게 될 것 같아요. 지금 80퍼센트 간당간당하다고요."

"이번 주엔 포기하고 다음 주에 도전하면 되잖아."

"안 돼요. 이번 주에 꼭 하고 싶어요!"

보상은 아이가 노력한 데 대한 대가이며 부모가 강요할 수 있는 것이 아니니 화내거나 잔소리를 하지 않는 것이 좋다. 정우는 자기가 이번 주에 갖고 싶거나 하고 싶은 일을 보상으로 정하기 때문에 정해진 분량을 해내려고 노력한다.

중요한 시험 날
아침 식사를 미리 연습하라

정우의 아침 식사는 현미밥과 두부 된장국, 고등어구이, 견과류 멸치볶음, 깻잎 등으로 차려진다. 식탁을 차리고 나면 애쓴 것에 비해 결과물이 단출하다는 생각이 든다. 그래도 어떤 영양소가 담겨 있는지 설명하라고 하면 똑 부러지게 말할 수 있다.

고등어구이에는 양질의 단백질과 DHA 성분이 풍부하고, 견과류 멸치볶음에는 칼슘이 풍부하고 성장과 두뇌 발달에 효과가 좋다. 깻잎은 뇌세포의 대사 기능을 촉진하여 학습 능력을 향상시킨다. 그리고 된장국은 식물단백질이 풍부하고 뇌 발달에 도움이 된다.

이렇게 평범하지만 아이의 성장에 필요한 영양소를 매일 꾸준하게 제공하는 것이 나의 목표다. 그래서 책과 기사를 열심히 검색하고 필요한 정보를 추려서 정우 맞춤형 식단을 고민하고 있다.

내가 아침 식사를 챙기는 데에는 성장 말고 또 다른 이유가 있다. 바로 아침 식사가 두뇌를 깨워서 학습에 도움이 되기 때문이다. 단백질과 탄수화물, 비타민 등 필수영양소가 골고루 포함된 아침밥을 챙겨 먹으면 두뇌 회전이 원활해지고 학업 성취도가 올라간다.

요즘 아침을 안 먹는 사람이 많다. 나도 어렸을 때 늘 아침을 걸렀다. 입맛도 없고 시간도 없었기 때문이다. 그랬던 내가 이제는 아이 아침밥을 차리기 위해 매일 아침 7시에 일어나고 있다.

'토스트와 과일을 먹으면 간단하긴 한데….'

너무 피곤할 땐 이런 생각을 할 때도 있다. 정우 매니저로 살다 보면 밤엔 그야말로 파김치가 된다. 그래서 미리 쌀을 불려놓거나 된장국에 들어갈 재료를 썰어놓으면 아침에 편

단백질 · 탄수화물 · 비타민 등 각종 영양 성분이 골고루 들어가도록 노력한다.

카레는 간단하기도 하고, 또 채소를 많이 먹이기 위해 자주 준비하는 메뉴이다.

할 것이란 생각을 하면서도 그냥 잠이 든다. 그래서 아침에 부랴부랴 밥을 하고 반찬과 국을 만드느라 정신이 없다.

정우는 어릴 때부터 아침을 먹는 것이 습관이 되어서 밥 한 그릇을 뚝딱 비운다. 만약 내가 "이제부터 아침은 스스로 챙겨 먹거나 토스트 한쪽을 드세요" 하고 말한다면 남편은 그러겠다고 해도 정우가 반발할 것이다. 아이에게 아침 식사는 하루의 즐거움 중 하나이기 때문이다.

아이를 학교에 보낼 때 간단한 음식을 챙겨 먹이거나 5분 간 껌을 씹게 하면 뇌 활동에 좋다는 정보를 본 적이 있다. 아침을 거르면 오전 수업에 제대로 집중하지 못한다. 영양 분이 공급되지 않아 뇌가 늦게 깨어나고, 11시쯤엔 배가 고 파져서 점심시간만 기다리게 된다.

아침을 잘 먹은 덕분일까. 정우는 오전 시간에 졸거나 산 만해지지 않고 수업에 집중할 수 있다고 말한다. 특히 머리 가 멍하거나 배가 고파서 수업에 집중하지 못한 적은 없다 고 했다. 정말 다행스러운 일이다.

또한 시험이나 대회는 거의 오전에 이루어진다. 그래서

2시간 전에 뇌를 깨우는 것이 중요하다. 아침을 먹으면 뇌 활동에 필요한 에너지와 영양분이 공급된다. 그래서 나는 아이가 중요한 시험을 볼 일이 있으면 시험 2시간 전에 맞춰서 밥을 먹게 한다. 그래야 뇌를 깨우고 소화도 시켜서 시험에 집중할 수 있다.

정말 중요한 것은 수능 날 아침이다. 그날 하루를 위해 나와 아이가 함께 식단을 연습하고 있는 것 같다. 평소 아침을 안 먹다가 수능 날에만 먹거나, 평소와 다른 음식을 먹는다면 탈이 날 가능성이 있다. 이렇게 아침 먹는 것도 연습이 필요하다. 어떤 음식을 먹어야 소화가 잘되고 공부를 하기에도 좋은지는 직접 경험해봐야 알 수 있다. 그 과정을 통해 뇌를 깨우면서도 소화에 부담이 되지 않는 내 아이 맞춤형 아침 식사를 준비할 수 있다.

그래서 나는 식단에 대한 아이의 반응을 늘 체크한다. 맛은 괜찮은지, 소화가 잘됐는지, 화장실에 자주 가게 되지는 않았는지 등을 물어보면서 나만의 데이터를 만들어가고 있다.

아이가 커갈수록 엄마가 해줄 수 있는 것이 줄어든다고

하교 후 간식으로 무엇을 줄까 늘 고민한다.
주로 과일과 함께 포만감을 줄 수 있는 메뉴 하나를 곁들인다.

생각한다. 지금은 내가 공부며 생활 습관에 적극적으로 관여하고 있지만, 고등학생쯤 되면 아이의 먹을 것을 잘 챙겨주는 역할 정도밖에 할 게 없다. 조금 지나쳐 보일지도 모르겠지만, 나는 벌써 아이의 수능 날 아침과 점심 도시락에 대해 생각한다. 아이가 중요한 시험을 앞두고 있을 때, 내가 차려준 밥 한 끼가 힘이 된다면 얼마나 좋을까 싶다.

내 아이를 영재로 바라보면 영재가 된다

똑똑한 엄마의
아이 식단 관리

1. 식재료의 영양소, 효능, 궁합 건색은 스마트폰 하나면 충분하다

정우가 유치원에 다닐 땐 또래보다 작고 말라서 걱정이 많았다. "잘 먹여야겠다" 등 어른들의 한마디도 스트레스로 다가왔다. 아이가 작은 것이 내 탓처럼 느껴졌기 때문이다. 그러다 보니 정우를 먹이는 일에 많은 신경을 쓰게 됐다.

아이가 초등학교에 입학한 뒤부터는 성장과 두뇌 발달을 함께 도울 수 있는 음식을 준비하고 있다. 그리고 몸에 좋다는 영양제도 꼼꼼하게 챙겨 먹인다. 아이가 등교하고 나면

마트에 들러 식재료를 고를 때 내 눈과 손은 바쁘게 움직인다. 각 재료의 영양소는 물론 궁합에 맞는 재료와 그렇지 않은 재료들을 고려해서 식단을 구성한다. 두부를 넣은 시금치 된장국을 메뉴로 정하면 우선 두 식재료에 대해 알아본다. 검색을 하면 시금치의 옥살산 성분이 두부의 칼륨 흡수량을 떨어뜨리고 심할 경우 결석증을 일으킬 수 있다는 걸 알 수 있다. 그럴 땐 두부 대신 단백질을 줄 수 있는 음식으로 달걀찜을 한다. 또 아이가 시험 기간일 때는 스트레스를 완화하고 인지 능력을 향상시켜주는 과일인 블루베리나 시력에 좋은 체리와 망고를 갈아 주스로 주고, 졸음을 유발할 수 있는 상추는 주지 않는다. 식재료도 이렇게 아는 만큼 도움이 된다.

2. 식단을 짤 땐 학교 급식 식단표를 참고하면 유용하다

정우가 등교하고 난 뒤 잠시 짬을 내서 인스타그램 피드를 내린다. 그럼 '인친'들의 아침 식사 사진이 주르륵 올라와 있다. 곤드레나물밥, 유부초밥, 불고기덮밥 등 메뉴도 다양하고 플레이팅도 예쁘다. "어머, 냉이가 벌써 나왔구나. 내

정우가 기본적으로 먹는 영양제.
비타민, 유산균, 프로폴리스, 홍삼, 아침에 챙겨먹는 캔디이다.

일 아침엔 냉이 된장찌개를 끓여보자."

다들 참 부시런하다는 생각을 하면서 내가 할 수 있는 음식이 있는지 살핀다. 그러다 보면 제철 음식과 메뉴에 대한 아이디어를 얻게 된다. 이제 영양소와 궁합이 맞는 음식이 무엇인지 검색해서 식단을 짠다.

나도 처음엔 식단 짜는 것이 막막했다. 그러다 정우 학교 급식 식단표를 참고했는데 많은 도움이 됐다. 전문 영양사가 아이들에게 꼭 필요한 영양소를 채워 구성하기 때문이다. 식단표를 참고해서 스스로 식단을 만들다 보면, 영양소가 골고루 담긴 한 끼를 준비하기가 점점 수월해진다. 나도 초보 시절엔

일주일 치 식단을 미리 짜놓았는데 이젠 하루 전날 즉흥적으로 구성한다. 급식 식단표를 활용하면 메뉴가 중복되는 것을 피할 수 있어서 좋다. 또 아이에게 급식에서 어떤 반찬이 맛있었는지 물어보고 식단을 구성하는 데 참고하기도 한다.

3. 반찬 사 먹는 건 흠이 아니다. 나만의 플레이스를 확보하라

정우는 이른바 '아재 입맛'이며 한식을 좋아한다. 그래서 밥과 국, 네다섯 가지 반찬으로 밥을 차려준다. 아침에는 꼭 과일주스 한 잔을 주려고 하지만, 여의치 않을 땐 등교하면서 먹을 수 있도록 사과 한 쪽을 챙겨준다. 저녁은 가장 잘 차려 먹는 편이다. 하루 동안 소진한 체력을 보충할 수 있도록 낙지나 오징어볶음, 고기 등 단백질 위주로 구성한다.

나는 전업주부라 음식을 직접 만들 상황이 되지만, 엄마가 바쁠 땐 밥과 국만 하고 밑반찬은 사 먹어도 된다. 요즘 세상에 그건 흠이 아니다. 괜찮은 곳을 잘 선택하면 집에서 만든 것처럼 몸에도 좋고 맛도 좋은 반찬을 살 수 있다. 믿고 이용할 수 있는 나만의 플레이스를 몇 군데 만들어두자.

내 아이를 영재로 바라보면 영재가 된다

이것도 정보력이다. 주변을 수소문하거나 괜찮은 곳을 검색해보자. 아이와 잘 맞는지 지켜보는 시간도 필요하다. 우리 집 입맛에 딱 맞으면서 건강도 챙길 수 있는 곳을 찾아내면 음식 준비에 대한 걱정을 덜 수 있다.

솔직히 나도 워킹맘일 때는 일도 잘하면서 아이도 완벽하게 보살피는 슈퍼우먼이 되고 싶었다. 하지만 멀리 봐야 한다는 걸 깨달았다. 엄마가 지치면 아이를 제대로 돌볼 수 없다. 그러니 내 손으로 해 먹이지 못한다는 죄책감은 던져버리자. 다만 아이 연령대에 맞는 필수영양소에 대해서는 기본적으로 알고 있는 게 도움이 된다. 그래야만 반찬을 사 먹더라도 균형 잡힌 식단을 만들 수 있다.

4. 이제 음식도 정보력 싸움, 다양한 식재료를 활용하라

나는 메뉴를 구성하거나 식재료를 사용할 때 다양한 시도를 한다. 새로운 레시피에 도전해보고, 요즘엔 어떤 식재료가 '핫' 하고 어떤 영양소가 들어 있는지에 대한 정보를 주변 엄마들과 책, 인터넷을 통해 얻고 있다. 이건 어디에 좋고 어떤 효능이 있는지 자꾸 따져보는 나를 남편은 조금 피곤해하는 눈치지만 이게 엄마 마음인데 어쩌랴. 남편이 눈총을 보내도 그냥 극성 엄마가 되기로 한다.

잡곡 | 우리 집은 늘 잡곡밥을 먹는데 잡곡에도 유행이 있다. 현미, 보리, 조, 수수, 귀리, 기장, 서리태와 같이 오래전부터 즐겨 먹는 것도 있지만 렌틸콩, 병아리콩, 퀴노아, 아마란스 등 비교적 최근에 알려진 것들도 있다. 그중 렌틸콩은 세계 5대 슈퍼푸드이고, 아마란스 역시 슈퍼푸드 중 하나로 '신이 내린 곡물'로 불린다고 한다. 이렇게 검색을 해본 뒤 괜찮다 싶은 것은 한번 먹어보고 아이와 잘 맞으면 꾸준히 먹는다. 참고로 잡곡밥이 남으면 프라이팬에 구워 냉동실에 넣었다가 아침에 누룽지로 끓여먹이면 좋다. 영국에서 학생들이 아침밥을 현미로 먹고 성적이 올랐다는 기사를 읽은 적이 있다. 이렇게 세계인들도 열광하는 우리의 잡곡을 잘 활용하면 굉장히 좋은 브레인 푸드가 될 것이다.

기름 | 기름도 여러 가지를 다양하게 써본다. 포도씨유, 캐놀

라유, 올리브유를 비롯해서 아보카도유, 아몬드유, 호두유 등 새로운 기름도 음식을 만들 때 용도에 맞게 사용하고 있다. 정우가 어릴 때부터 꾸준히 먹고 있는 기름은 들기름이다. 들기름은 오메가-3 지방산이 다른 식물성 기름보다 풍부하고 맛도 좋기 때문에 나물을 무칠 때나 달걀 프라이, 계란볶음밥을 할 때 등 거의 모든 음식에 사용한다.

물 | 물도 보리차만 먹이지 않고 현미차, 옥수수차 등 다양하게 준비한다. 그리고 약탕기를 사용해 황기, 맥문동, 대추를 우린 물노 사끔 끓여준다. 대추는 심신안정, 황기는 성장발육을 돕기 때문이다. 요즘은 매일 아침 따뜻한 물에 얇게 썬 레몬 조각을 띄워 마시고 있다. 아침에 따뜻한 레몬수를 마시면 인지 능력이 크게 개선된다는 기사를 보았기 때문이다. 이건 우리 집만 하는 건 줄 알았는데 아는 엄마들과 이야기해보니 "우리 집도 그래요" 하며 반가워했다. 다들 나처럼 열심히 검색을 하는 모양이다. 정우는 원래 물을 많이 마시지 않았는데 이것저것 다양한 물을 시도하며 음료수 대신에 물을 자주 마시는 습관을 들이게 하고 있다.

공부도 체력이
절반이다

"대치동 아이들 중 공부 열심히 하는 애들은 운동 안 해요. 그럴 시간이 어디 있어요?"

정우에게 운동을 어떻게 시켜야 할지 고민할 때 이런 말을 들었다. 대치동 아이들은 이렇다더라 저렇다더라 풍문으로 도는 말들에 귀가 솔깃하던 시기였다.

'그 시간에 차라리 문제집을 한 장 더 푸는 게 낫지 않을까?'

정우 시간표에 운동이 너무 많은 것 같아 고민이 됐다. 하지만 남편이 운동 시간은 절대 빼면 안 된다고 주장했다. 처음엔 남편의 의지 덕분에 운동을 지속할 수 있었다.

지금은 누가 내게 운동을 꼭 해야 하느냐고 물어보면 반드시 해야 한다고 대답한다. 아이가 감기에 걸리거나 체력이 떨어지면, 시간표를 지키는 데 지장이 생기거나 아예 올스톱된다. 그럴 때마다 평소 체력 관리를 잘하는 것이 얼마나 중요한지를 깨닫는다. 지금 당장은 운동의 성과가 눈에 보이지 않더라도, 체력이 필요한 고3 때 결정적인 도움이 될 거라 생각한다.

내가 학교에 다닐 때도 개학하고 얼마 후면 아이들 체력이 급격하게 떨어지고, 심한 경우 쓰러지기도 했다. 중학교 때는 공부를 잘하다가 고등학교 입학 후 성적이 하향곡선을 그리는 학생도 있었다. 이렇듯 아무리 똑똑해도 체력이 받쳐주지 않으면 공부를 제대로 하기 어렵다.

고등학생이 되면 공부할 시간도 부족하다. 학교 끝나면 학원, 과외, 야간 자율학습을 하느라 의식적으로 노력해야만 잠깐이라도 운동을 할 수 있다. 그래서일까. 국내에서 손꼽히는 명문 학교인 민족사관학교에서는 새벽 6시에 전교생이 체력을 키우는 운동을 한다고 한다.

정우도 지금 당장보다는 먼 미래를 바라보며 체력을 키워나가고 있다. 현재 정우는 기초체력을 쌓는 운동과 또래 아이들과 어울려 하는 팀운동 두 가지를 하고 있다. 주중에는 줄넘기와 태권도를 하고 주말에는 축구와 농구, 수영을 한다.

다른 운동은 쉬더라도 줄넘기는 꼭 하려고 한다. 줄넘기가 좋은 점은 도구도 간단할 뿐 아니라 장소와 시간에 구애받지 않는다는 것이다. 보통 일과를 마치고 밖으로 나가서 줄넘기를 한 다음 샤워를 개운하게 하고 잠자리에 든다.

정우가 줄넘기할 때 개수를 세주기만 했더니 아이가 재미없어했다.

"우하하하! 스무 개하고 걸리다니!"

괜히 약을 올리니 정우가 볼멘소리를 했다.

"그럼 엄마도 해보세요!"

그렇게 티격태격하다가 정신을 차려보니 어느새 아이와 줄넘기를 하고 있었다. 역시 보는 것과 실제로 해보는 건 달랐다. 정우와 누가 더 잘하나 내기를 하면서 하니까 아이도 즐거워하고, 나도 체력을 키우고 일석이조였다. 줄넘기는

월요일에 100개로 시작해서 매일 100개씩 숫자를 올려서 금요일엔 500개까지 한다.

　체력을 기른 덕분인지 시험 전에 공부량이 늘어나도 아이가 많이 피곤해하지 않는다. 체력 관리를 해준 이후부터는 확실히 잔병치레도 줄고 몸도 더 탄탄해졌다. 운동할 시간이 없다면 주말을 이용해 근처 공원을 걷거나 배드민턴, 줄넘기 등 간단한 것 위주로 해보길 추천한다. 공부도 체력이 받쳐줘야 한다는 말은 이미 그 길을 걸어간 선배들의 경험에서 우러나온 말이라 생각한다.

그리고 수영, 태권도, 농구 등 아이들이 많이 하는 운동은 픽업 차량이 있으니 시간 조절만 잘 하면 공부와 병행할 수 있다. 학원이 부담스러우면 학교의 방과후 활동을 이용해보는 것도 좋은 방법이다. 학교마다 다양한 특활 프로그램을 진행하니 그중 할 만한 운동을 고르면 된다.

아이와 함께
하나의 운동을 마스터해보라

"정우는 어떤 운동을 했나요? 도움이 됐던 것을 추천해주세요!"

가끔 이런 질문을 받으면 나는 줄넘기처럼 기초체력을 다질 수 있는 운동과 사회성과 체력을 모두 잡는 팀운동을 추천한다. 그리고 시간을 투자할 수 있다면 쇼트트랙이나 수영처럼 마스터하는 기간이 필요한 운동을 해보라고 추천한다. 1년의 시간 동안 앞으로 10년간 공부하며 겪게 될 어려움과 슬럼프 극복 과정, 컨디션 조절법, 엄마의 역할 등을 압축적으로 경험할 수 있기 때문이다.

정우는 초등학교 입학 후 쇼트트랙부에 들어갔고, 1년 동안 열심히 스케이트를 탔다. 1학년 때 정우는 다른 아이들이 영어학원, 수학학원에 갈 때 링크장으로 갔다. 그건 나도 마찬가지였다. 지인들이 매일 어딜 그렇게 가느냐고 물어보면 링크장이라고 대답했으니까.

쇼트트랙은 얼음판 위에서 날 하나로 달리는 운동이라 집중력이 필요하다. 그리고 언제 속도를 올려야 할지 고민해야 하는 전략적인 운동이다. 정해진 바퀴 수를 완주한다는 면에서 지구력도 요구된다. 운동이라고 해서 꼭 체력만 필요한 것이 아니며, 보기보다 머리를 많이 써야 한다.

정우의 경기를 볼 때마다 내가 더 떨었다. 출발선에 준비 자세로 서서 신호를 기다릴 때의 긴장감과 총소리가 울릴 때 몸이 움찔하던 기억이 난다. 이렇게 어른도 긴장되는 상황에서 경기를 하는 아이가 무척 대견했다.

정우가 운동을 하는 1년 동안 돈 주고도 배울 수 없는 경험을 했다. 어느 날엔 아이가 링크에 서자마자 토했는데 알고 보니 음식을 먹자마자 차가운 링크에 들어간 것이 원인이었다. 그 후부턴 아이가 운동하기 2시간 전에 밥을 먹였다. 뇌를 깨우고 소화를 시켜서 최적의 상태로 공부하기 위해서도 2시간 전에 아침밥을 먹어야 하는데 운동도 마찬가지였다.

그리고 시합 전엔 국에 밥을 말아서 간단히 먹는 게 좋다는 것, 에너지가 달린 땐 초콜릿이 응급 처방이 된다는 것도 알게 됐다. 코치님께 열심히 물어보기도 하고 내가 스스로 찾아보기도 했다. 그 시기부터 나는 나도 모르게 관리형 엄마가 되어가고 있었다.

처음엔 재미있고 좋아서 하던 스케이트였는데 정우는 점점 힘들어했다. 내 욕심이 과한 부분이 있었다는 건 인정한다. 어쨌든 당시엔 아이를 타이르고 동기를 부여해주는 것이 나의 임무였다. 아이의 슬럼프를 관리하는 법을 그때 연습하게 됐다.

정우가 자기는 스케이트보다 공부하는 게 더 좋다고 말했을 때, 나는 주변 사람들이 놀랄 만큼 쿨하게 그만하자고 했다. 대신 12월에 교내 대회까지 치르는 것을 목표로 하자고 했다. 그래도 1년 동안 열심히 했는데 마침표는 제대로 찍어

쇼트트랙에 열중했던 초등학교 1학년 시절.

야 한다고 생각했다. 내 말에 정우도 흔쾌히 동의했다.

정우의 마지막 스케이트 대회가 있던 12월 5일, 정우는 3번 레인에 서 있었다. 그런데 출발한 지 얼마 되지 않아 코너를 돌던 옆 레인의 친구가 넘어졌다. 정우의 가장 친한 친구였는데, 그 바람에 정우도 발이 걸려서 넘어졌다.

이게 꿈이야 생시야 싶었다. 남들이 보면 국가대표 경기를 치르는 것처럼 유난을 부린다고 하겠지만 나에겐 경기의 크고 작음이 중요하지 않았다. 정우가 그동안 열심히 노력한 것을 그날 모두 발휘하면 좋겠다고 생각했고, 다른 아이의 실수로 경기도 치르지 못하게 될까 봐 걱정됐던 것이다.

다행히 심판이 경기를 다시 치르게 했다. 그때 선생님과 내가 크게 감동한 부분은 정우가 의연하게 일어나서 다시 출발선으로 가 서는 모습이었다. 보는 사람도 이렇게 놀랐는데 아이는 넘어진 충격에도 불구하고 마음을 가다듬고 경기 준비를 했던 것이다.

감사하게도 정우는 좋은 결과로 경기를 마쳤다. 그날 우리 가족은 함께 고기를 먹으러 갔다. 엄마·아빠는 맥주를, 정우는 물을 채워 건배했다. 건배사는 이것이었다.

"1년 동안 수고했다! 다시는 하지 말자!"

다시는 하지 말자고 했던 것은 나도 정우도 무척 고생스러운 시간을 보냈기 때문이다. 하지만 다시 그 시기로 돌아간다면 나는 같은 선택을 할 것이다. 그때보다 더 현명한 엄마가 될 수 있다면 말이다. 하지만 인생에는 연습이란 게 없으니 안타깝다. 엄마로서 후회되는 순간이 많았던 경험이지만 얻은 것도 많았다. 목표를 설정하고 완주하는 과정에서 컨디션을 조절하고 슬럼프를 관리하는 법을 연습하게 됐기 때문이다.

쇼트트랙의 경우 링크장에서 활주하기까지 1년 정도의 시간이 걸린다. 이와 비슷하게 수영은 자유형, 배영, 평형, 접영 등을 차례로 마스터해나간다. 이렇게 운동 스킬을 일정 수준까지 마스터해보는 것, 그래서 가능하면 대회도 한 번 나가보는 것을 추천한다.

아이가 하나의 종목을 완주하는 인내의 과정을 엄마로서 함께 겪어보는 것은 매우 특별하고 값진 경험이었다. 그리고 그것이 학습에 고스란히 연결되고 있다는 걸 요즘 뼈저리게 느끼고 있다. 누가 그때 일에 대해 물어보면 나는 진심으로 "정우를 통해 인생을 배웠다"라고 말한다.

모바일게임보다는
보드게임의 재미를 알려주라

정우는 넝상 보는 길 무척 좋아한다. 파워포인트를 혼자 배우며 이것저것 만져볼 때 자기가 좋아하는 영상을 소개하는 PPT를 만들기도 했다. 그래서 정우가 학원에 갈 때나 나들이를 갈 때 등 차로 이동하는 시간엔 평소 좋아하는 유튜브 동영상을 틀어준다. 주말엔 넷플릭스를 통해 같이 영화도 본다.

그리고 보면 요즘 아이들은 어릴 때부터 스마트기기를 다루고 다양한 영상매체를 접하는 것 같다. 나의 어린 시절과 비교하면 가히 혁명적인 수준의 변화다. 이러한 변화 속에서 스마트폰 중독과 게임 중독은 많은 부모가 걱정하는 일이 됐다.

그렇다고 스마트폰을 뺏을 수도 없다. 카카오톡, 모바일 게임 등 또래가 즐기는 것을 내 아이만 못 하게 하면 아이가 소외감을 느낄 수 있기 때문이다. 스마트기기를 건전하게 사용하고, 인터넷을 통해 펼쳐진 무한한 정보의 바다를 제대로 헤엄칠 수 있도록 안내자로서 부모의 지혜가 요구되는 시기인 것 같다.

아이들이 스마트폰과 게임에 중독되는 데에는 환경과 부모의 영향이 가장 크다고 생각한다. 무인도에 살고 있는 아이가 어떻게 게임의 재미를 알 수 있으랴. 아이들이 게임을 접하는 시기는 다양하지만, 최초의 대상은 부모인 경우가 많다. 엄마·아빠가 열심히 게임하는 모습을 보여준다면 아이는 게임은 재미있는 것이라고 생각하고 자기도 하고 싶어 한다.

참 다행이라고 생각되는 부분은 남편도 나도 게임을 하지 않는다는 것이다. 또 우리 집은 TV도 틀어놓지 않는다. 정우에게 TV는 엄마가 틀어줘야 볼 수 있는 것이란 인식이 있

보드게임 중 체스를 가장 좋아하는 정우.

다. 그러다 보니 아이는 게임과 TV에 대해 알지 못했고 책에 재미를 붙이게 됐다. 좋은 습관이든 나쁜 습관이든 환경이 만든다고 생각한다. 정우는 최근에야 또래들과 모바일게임을 하면서 그 재미를 느끼고 있다.

정우 친구가 집에 놀러 오면 같이 모바일게임을 하는 것 정도는 허락한다. 또 쉬는 시간이나 주말에 게임을 하고 싶어 하면 시간을 정해서 하게 한다. 7시 반부터 8시까지 30분간 하기로 했다면 3분 전에 주의를 준다.

"정우야. 이제 시간 거의 다 됐어."

게임 캐릭터가 신나게 아이템을 먹고 있는데 갑자기 꺼야 한다면 아이도 아쉽고 나도 미안하니 미리 정리하도록 이야기해주는 것이다. 그럼 아이는 시간에 맞게 게임을 마친다.

만약 아이가 "5분만 더요!" 하고 외치더라도 절대 들어주지 말아야 한다. 한 번 여지를 주면 다음에도 같은 상황이 생긴다. 게임은 정해진 시간 동안 해야 한다는 규칙을 엄마가 철저히 지키면 아이도 그에 맞춰 절제한다.

"게임은 나쁜 거야. 하지 마."

이렇게 말하면서 부모는 게임을 계속한다거나, 주의를 돌릴 만한 다른 활동을 시켜주지 않는다면 아이가 게임 중독에 빠져도 할 말이 없다. 게임은 한번 빠져들면 어른도 절제하기 어렵지 않은가. 아이가 절제력을 발휘한다는 것은 거의 불가능에 가깝다.

이런 일을 방지하고 상태를 개선하려면 세상에 게임보다 재미있는 것이 있음을 부모가 알려줘야 한다. 바깥에서 뛰어노는 시간을 늘리고 가족 나들이와 여행을 자주 다니면 아이가 게임보다 재미있는 세상이 있다는 걸 깨닫게 된다.

내 아이를 영재로 바라보면 영재가 된다

수학 학습에 많은 도움을 주는 보드게임들.

또 요즘은 아이들과 함께 갈 만한 보드게임카페나 슬라임카페도 있고, 딸기나 귤 따기 체험 등도 할 수 있다.

우리 집은 예전부터 손으로 하는 클래식한 게임을 즐기고 있다. 가장 좋아하는 게임은 체스이고, 바둑돌로 오목을 두기도 하고 가끔 '알까기'도 한다. 보드게임 중에도 재미있는 것이 정말 많다. 가족끼리도 자주 하지만 친구들과 함께하는 자리를 만들어주기도 한다. 컴퓨터와 스마트폰 게임에 익숙한 요즘 아이들에게 손으로 직접 카드나 말을 만지고 움직이는 게임은 오히려 신선하게 느껴지는 듯하다.

　요즘 정우는 '멘사 셀렉트' 게임에 재미를 붙이고 있다. 이 게임은 미국 멘사 회원들이 시중에 출시된 게임을 직접 해보고 선정한 것이다. 두뇌 발달에 좋을 뿐 아니라 수학에 관심이 많은 정우에게 도움이 될 것 같아서 준비했다. 아이와 취미로 할 수 있는 게임, 학습에 도움이 되는 게임에 대해서는 인터넷이나 맘카페 등에서 다양한 정보를 얻을 수 있었다.

멘사 셀렉트 게임 좀 더 알아보기

- **쿼리도(Quoridor)** 막고 막는 길 쟁탈전. 진로 전략 게임
- **퀵소(Quixo)** O, X로 겨루는 밀어내기 오목
- **콰르토(Quarto)** 8개의 속성 중 1개를 4줄로 연결하는 게임
- **아발론 클래식(Abalone Classic)** 최초의 멘사 셀렉트 게임으로, 육각형 게임보드판에 있는 상대방의 구슬 6개를 먼저 밀어내야 하는 게임
- **펜타고 멀티플레이어(Pentago Multiplayer)** 틱택토와 오목의 영향을 받은 것으로, 5개의 게임칩을 연속해서 놓아야 승리하는 게임
- **셋(SET)** 누구보다 빨리 3장의 카드 세트를 찾아야 하는 게임
- **필로스(Pylos)** 자신의 구슬을 피라미드의 꼭대기에 올려야 승리하는 게임
- **하이브(Hive)** 벌집 위에서 벌어지는 곤충들의 전쟁을 콘셉트로 한 게임
- **테트리스 링크(Tetris Link)** 비디오게임 테트리스의 방식에 패턴 만들기 시스템을 도입한 게임
- **아줄(Azul)** 2018 올해의 멘사 선정작. 타일을 소재로 한 추상 전략 게임

아이 콘텐츠는
엄마가 먼저 점검하라

정우도 영상 보는 걸 좋아하지만 이건 내가 먼저 들인 취미다. 처음 유튜브라는 매체를 접했을 때 신세계를 만난 듯했다. 유명인의 강연부터 마음을 다스리는 법, 자녀교육법, 쿠킹클래스, 평범한 가정주부의 브이로그까지 세상은 넓고 볼건 많았다.

내가 느낀 유튜브의 가장 좋은 점은 나에게 필요한 양질의 콘텐츠를 편한 시간에 볼 수 있다는 것이다. 나는 도움이 되는 채널을 구독하기 시작했고, 정우에게 보여줄 만한 영상들도 골랐다. 그렇게 나만의 구독 리스트가 만들어졌다.

하지만 이렇게 편리하고 유용한 동영상 공유 서비스도 아이가 사용할 땐 양날의 검처럼 조심스럽게 다루어야 한다. 정우는 유튜브를 통해 공신 강성태 선생님, 설민석 강사의 강의 등 관심 있는 분야의 동영상을 보는 것이 취미지만, 혼자 아무 콘텐츠나 보게 하지 않는다. 내가 먼저 콘텐츠를 확인하여 1차로 선별해놓고, 그 안에서 자신이 원하는 것을 고르게 한다.

콘텐츠를 선별하는 내 기준은 첫째 정우가 좋아하는 주제일 것, 둘째 교육적인 내용일 것, 셋째 재미있을 것 등 세 가지다. 요즘은 워낙 양질의 콘텐츠가 많아서 이렇게 삼박자가 갖추어진 것을 쉽게 찾을 수 있다.

그리고 이왕이면 다양한 리스트를 주고 아이가 고르는 재미를 느끼게 한다. 선택의 폭이 넓으면 엄마가 1차로 콘텐츠를 선별했다는 느낌을 받지 못한다. 만약 자기가 원하는 콘텐츠가 따로 있다면 옆에서 함께 보며 안전하게 이용할 수 있도록 지도한다.

정우는 유튜브뿐 아니라 TV 프로그램도 미리 선별해둔 콘텐츠들 중에서 골라 본다. 정우는 〈영재 발굴단〉, 〈둥지탈출〉처럼 자기 또래 아이들이 나오는 것을 좋아한다. 또 〈우리말 겨루기〉와 〈문제적 남자〉, 〈대한외국인〉처럼 상식이나 지식을 겨루는 프로그램도 자주 본다. 어려운 우리말 상식과 멘사 회원들이나 풀 수 있는 수학 퀴즈 같은 것을 정우가 쉽게 맞출 수는 없다. 맞추지는 못하더라도 생각은 해보게 되며, 긍정적인 분위기를 탈 수 있다.

"정우야, 뭐 보고 싶은 거 있어? 골라봐."

"오늘은 〈영재 발굴단〉 볼까요?"

아이가 볼 수 있는 방송 프로그램을 내가 꽤 많이 골라놓기 때문에 아이에겐 선택지가 많다. 그중 아무거나 골라도 아이가 안전하게 볼 수 있고 재미도 있으며 학습에 도움이 된다.

정우가 선택한 프로그램을 간식을 먹으며 보고 있는데 마침 수학 영재가 나왔다. 그런데 그 아이가 '매쓰캥거루(Math Kanga-roo)'라는 국제 수학경시대회에 참가하는 것을 보고 정우가 관심을 가졌다.

"매쓰캥거루 찾아보니까 매년 36개국에서 800만 명의 아이들이 참가한대. 창의 사고력 수학이니까 정우도 해보면 좋긴 하겠다. 그런데 여기 나가려면 준비를 정말 많이 해야 하지 않을까?"

"그럴 것 같긴 해요. 엄마, 나 밥 먹고 수학 문제 풀게요."

"피곤하다더니 괜찮겠어?"

"네, 괜찮아요."

나는 승부욕이 강한 정우가 자기 또래의 수학 영재를 보고 자극을 받았다는 것을 알았다. 사실 그 프로그램에 나오는 아이들은 정말 말 그대로 영재, 천재인 것 같다. 하지만 그 아이들과 비교를 하기보다는 더 열심히 하는 계기로 삼는다.

앞서도 이야기했지만 나는 정우 방을 철저히 기능에 충실한 공간으로 만들었다. 즉 정신을 산만하게 할 만한 것은 아예 들여놓지 않는다. 공부하다 피곤하면 침대에 눕고, 지루해지면 컴퓨터를 켤 가능성을 아예 막아버린 것이다. 그 방에서 정우가 할 수 있는 선택은 두 가지다. 공부에 집중하거나 딴생각을 하거나. 하지만 딴생각을 하는 것보단 엄마와 문제집을 푸는 것이 더 재미있고, 빨리 끝낸 다음 쉬는 것이 훨씬 좋기에 아이는 공부에 집중하는 쪽을 선택한다.

아이에게 보여줄 콘텐츠를 선별하는 것도 같은 맥락이라고 생각한다. 아이에게 유익한 것들을 엄마가 미리 골라놓으면, 어떤 선택을 하더라도 긍정적인 효과를 얻을 수 있다. 초등학생 때까지는 엄마의 적극적이고 현명한 관리가 필요한 시기다. 내 아이를 위한 좋은 환경, 좋은 선택지를 만들어주면 아이는 저절로 따라온다.

내 아이를 영재로 바라보면 영재가 된다

유용한 유튜브 채널

- **공부의 신 강성태** 정우의 공부 멘토이기도 한 서울대 출신의 대한민국 공부 레전드 강성태 씨의 채널. 과목별 공부 방법, 입시 정보, ASMR을 이용한 멘탈 관리까지 꿀팁이 가득하다. 공신닷컴(gongsin.com)도 들어가 보길 추천한다.

- **샤론 코치 TV** 대치동의 교육·입시 전문가들을 초대해 굉장히 따끈따끈한 입시 정보와 학원 정보를 준다. 내용이 현실적이고 구체적이어서, 과목별 로드맵을 짜는 데 큰 도움이 된다.

- **설민석 TV** 역사는 관점에 따라 여러 가지 방향으로 해석될 수 있는데, 특히 설민석 선생님의 강의를 좋아하는 이유는 흡입력 있는 화법 때문이다. 정우가 역사를 좋아하게 된 계기가 되었다.

- **김미경 TV** 아이를 키울 때 엄마의 마음 상태가 정말 중요한데, 상황에 따른 조언을 통해 마인드 컨트롤을 하고 있다. 엄마인 내가 마음을 힐링하는 데 도움이 되는 채널이다.

- **세바시 강연** 누군가와 고민을 상담하고 싶을 때, 마음이 지치고 힘들 때, 다양한 강사의 강연 중 지금 내 상황에 맞는 강의를 골라 들을 수 있는 채널이다.

- **TED** 한국의 세바시 같은 강의 채널. 영어 자막, 한글 자막을 볼 수 있다는 것이 장점이다. 힐링과 영어 공부라는 두 마리 토끼를 잡을 수 있다.

- **CNN 10** CNN이 학생들을 위해 10분 길이로 제공하는 CNN student news 채널이다.

- **BBC Learning English** 영국 공영 방송사 BBC가 운영하는 채널이다. 6분 잉글리시, 뉴스 리뷰, 발음 워크숍 등 다양한 주제의 강의를 제공하고 있어 리스닝, 스피킹 공부에 도움이 된다.

- **EBSLanguage(EBS 외국어 학습)** 교육 채널답게 다양한 주제의 생활 영어를 선보인다.

- **the MEGASTUDY** 대학 입시 트렌드의 변화를 알기 위해 살펴보는 채널이다.

- **YTN SCIENCE** 과학 지식과 계속 업데이트되는 과학 뉴스들을 접할 수 있다.

- **Maangchi** 내가 좋아하는 채널이다. 영어를 하면서 요리를 하기 때문에 시청하면서 영어, 요리를 둘 다 배울 수 있다.

초등학생 시기는 본격적인 공부 마라톤을 준비하는 단계다.
이것저것 시도해보는 걸 두려워하지 말자.

2부

부모의 오늘이
아이의 행복을
결정한다

부부가 불화하는 이유는 다양하지만 교육관의 차이도 중요한 원인이 된다. 정우 교육 문제로 의견이 맞지 않다 보니 사소한 일도 언쟁으로 번졌다. 나도 힘들고 남편도 힘든 시간이었다. 그런데 아이가 힘들 것이란 생각은 미처 하지 못했다. 아직 어리니까 우리가 무슨 말을 하는지 모를 테고, 듣더라도 금방 잊어버릴 거라 생각했다.

· 4장 ·

부
부
가

한

방
향

바
라
보
기

" 당신, 정말 힘들었겠다. 고생 많았어! "

학력고사 세대 아빠와
수능 세대 엄마의 갈등

강남 교육의 현실을 그리며 대한민국을 뜨겁게 달구었던 드라마 〈SKY 캐슬〉. 드라마 속 예서 엄마는 유난 떨지 말라는 남편을 향해 소리쳤다.

"딸딸 암기만 했던 학력고사 시대랑은 달라요. 지금은 학종 시대라고요. 부모의 정보력과 노력에 따라서 당락이 결정된다고요. 당신은 신문도 안 봐요?"

그 말을 듣고 무릎을 쳤다. 내가 남편에게 하고 싶던 말과 비슷한 부분이 있었기 때문이다. 남편과 나의 나이 차이는 11년이다. 그러다 보니 남편은 학력고사 세대이고 나는 수능 세대다. 그리고 정우는 학종(학생부 종합전형) 시대를 살고 있다.

남편이 입시를 치른 시기엔 암기 위주의 공부가 통했다. 〈SKY 캐슬〉 속 예서 아빠처럼 학력고사 만점자가 언론의 스포트라이트를 받았다. 그러나 수능 시대가 되면서 단편적인 암기보다는 종합적인 사고 능력을 평가하는 방식으로 시험이 바뀌었다. 그리고 현재의 학종은 훨씬 복잡하다. 내신, 봉사활동, 동아리 활동 등 평가항목이 다양할 뿐 아니라 학교마다 전형 방식도 다르기에 미리 전략을 짜서 준비해야 한다.

아무래도 남편보다는 내가 아이 교육을 전담하다 보니 교과과정의 변화와 트렌드를 민감하게 포착한다. 또 나는 엄마들과 대화를 나누고 설명회도 다닌다. 그런데 남편은 여전히 자신이 살았던 학력고사 시대에 머물러 있다. 그러면서 동동거리는 나를 향해 "꼭 그렇게까지 해야 해?"라고 말한다. 남편 눈에 나는 유난스러운 엄마였고, 나에게 남편은 꽉 막힌 사람이었다. 나는 점점 입을 다물었고, 아이 교육에 대한 우리 부부의 간극은 쉽게 좁혀지지 않았다.

그래서 아이 교육에 대해 빠삭한 아빠를 보면 부러움보다는 신기하다는 생각이 들었다. 어느 날 학원 앞에서 한 아빠가 아이한테 "오늘 퀵테스트는 잘 봤니?" 하고 대화를 나누는 것을 보고 말 그대로 문화 충격을 느꼈다. 아빠가 학원의 커리큘럼과 일정까지 다 꿰고 있다니! 우리 남편은 정우 픽업을 부탁하면 정말 데려오기만 했다. 그나마 딴 길로 새지 않고 집으로 바로 데려오면 다행이었다.

부부가 불화하는 이유는 다양하지만 교육관의 차이도 중요한 원인이 된다. 정우 교육 문제로 의견이 맞지 않다 보니 사소한 일도 언쟁으로 번졌다. 나도 힘들고 남편도 힘든 시간이었다. 그런데 아이가 힘들 것이란 생각은 미처 하지 못했다. 아직 어리니까 우리가 무슨 말을 하는지 모를 테고, 듣더라도 금방 잊어버릴 거라 생각했다.

하지만 오랜만에 외식하는 자리에서 또 언쟁이 일어났는데, 정우가 갑자기 토하는 것이었다. 차갑고 긴장된 분위기가 얼마나 스트레스가 됐으면 속이 안 좋다는 말도 못 하고 그 자리에서 토했을까 싶어 마음이 많이 아팠다. 그 일을 계기로 우리 부부는 다시는 정우 앞에서 싸우지 말자고 합의했다. 하지만 언성을 높이지만 않았을 뿐 우리 부부의 신경전은 끝나지 않았다.

남편은 아이가 늦게까지 공부하고 있으면 불같이 화를 냈다. 한번은 현관문이 열리는 소리도 못 듣고 공부에 집중하고 있었는데 갑자기 방 불이 꺼졌다. 그리고 등 뒤에서 남편의 목소리가 들려왔다.

"늦게까지 뭐 하는 거야? 빨리 애 재워!"

그래서 가끔 정우가 늦게까지 공부를 끝내지 못하면 심장이 두근거렸다. 나도 아이를 일찍 재워야 한다는 건 알고 있지만 어쩔 수 없는 상황도 있다. 내일이 시험인데 시험공부를 미처 끝내지 못했을 때도 있고, 정우가 이 문제만 풀고 자겠다고 고집을 부릴 때도 있었다. 그럴 때 시선은 아이에게 가 있지만 신경은 자꾸만 현관 쪽으로 쏠렸다.

어쩔 땐 아이를 데리고 침대로 가서 남은 공부를 하게 했다. 그리고 현관문 열리는 소리가 나면 벌떡 일어나 불을 끄고 같이 이불을 뒤집어썼다. 잠시 후 남편이 우리가 자는 걸 확인하고 씻으러 가면 그제야 한숨 돌렸다.

나쁜 짓을 하는 것도 아닌데 남편 눈치를 보면서 숨어서 공부해야 하는 상황에 화가 났다. 남편도 나도 아이를 사랑하고, 아이가 잘되길 바라는 마음은 같은데 언제까지 이래야 할까? 부부의 교육관이 일치하지 않으면 부부뿐 아니라 아이도 힘들어진다. 정우를 생각해서라도 이 갈등을 끝내야 한다는 생각이 들었다.

내 아이를 영재로 바라보면 영재가 된다

한배를 탄 이상
한 마음으로 노 저어야 한다

남편과 나는 정우가 초등학교에 입학한 이후 교육 문제에 대해 한 번도 같은 방향을 바라본 적이 없었다. 4년 내내 서로 자기가 맞다고 주장했다. 나는 우선 남편을 이해해보기로 했다. 정우의 보호자로서 한배를 탄 이상 정우가 성인이 될 때까지 함께 돌봐야 하기 때문이다.

남편과 나는 참 다른 가정환경에서 자랐다. 남편은 아들만 줄줄이 있는 집의 셋째로 태어나 대학 학비도 자기 손으로 벌어서 다녔다. 그리고 수많은 도전 끝에 SBS 1기 공채 전문 MC로 합격해 방송인으로 입지를 다진, 이른바 자수성

가한 사람이다.

"억지로 공부시키지 마. 대학 안 가도 성공할 수 있어. 요즘 세상에 정답은 없어. 꼭 의사나 변호사가 되어야 행복한 건 아니야. 자기 전문성을 가지고 자기가 행복한 일을 하며 사는 사람도 많아."

남편은 정우가 어릴 때부터 이렇게 말했다. 자신의 인생을 돌아봤을 때 그게 정답이었기 때문이다. 나 역시 자신의 분야에서 나름 성공했고 지금도 활발하게 일하고 있는 남편을 존경한다. 정우도 '아빠는 최선을 다해 열심히 일하는 사람'으로 인정하고 존경한다.

나도 남편과 같은 생각이다. 정우가 좋은 대학에 가고 의사·변호사가 되는 것을 목표로 하는 게 아니다. 하지만 나는 모두에게 똑같이 주어진 공평한 학창 시절을 이왕이면 알차게 보내서 먼 훗날을 위한 든든한 발판으로 삼게 하고 싶었다. 정우가 가능한 한 많은 기회를 갖도록 해서 자기가 정말 좋아하는 일을 찾게 하고, 그 일을 하려고 할 때 준비가 되지 않아 곤란한 일을 겪지 않기를 바랐다. 평소에 이런 얘기를 정우한테 많이 해주기 때문에 정우는 "어차피 해야

일주일에 한 번이라도 주말에는 가족이 함께하는 시간을 가지려 노력한다.

우리 가족 셋의 공통 취미는 바로 '여행'이다.

할 공부 열심히 해야죠" 이렇게 말한다.

이렇게 다른 환경에서 성장하다 보니 교육에 대해 다른 생각을 갖게 됐다는 것도 이해는 됐다. 또 남편은 내가 내 욕심 때문에 아이를 힘들게 한다고 생각했다. 그래서 아이가 늦게까지 공부하거나 조금이라도 지쳐 보이면 화를 냈고, 가끔 내 동의도 구하지 않고 아이를 데리고 놀러 나갔다. 또 공부하기 싫으면 엄마에게 하기 싫다고 말하라고 아이를 부추겼다. 우리 둘 사이에서 혼란스러운 건 정우였다.

그럴 땐 정말 남편이 아니라 '웬수'란 생각이 들 정도였는데, 가만히 생각해보면 나도 잘한 건 없다. 남편과 서로의 생각을 나누고 타협하는 과정을 거쳐야 했는데 바쁘고 귀찮다는 핑계로 하지 않았고 나만의 독자노선을 걸었다. 그러면서 솔직히 이런 생각을 했다. '남편이 도와주지 않으면 나 혼자 하면 되지.'

정우가 1학년 때는 남편이 바빠서 나와 정우에게 신경 쓸 겨를이 없었다. 당시는 정우가 스케이트를 탈 때였고 나 혼자 아이를 돌봤다. 매일 링크장에 데려가고 아이가 훈련을 받는 동안 추운 링크장에서 2~3시간을 대기했다.

스케이트를 그만두고 정우가 본격적으로 공부를 시작했을 때도 마찬가지였다. 아이의 등하교와 학원 보내는 일, 영재원 시험을 준비하는 일 등을 남편의 도움 없이 혼자 했다. 나도 모르게 남편을 아이 교육에서 소외시키고 있었던 것이다.

정우와는 시시콜콜한 것까지 모두 공유했지만 남편과는 한번 대화가 막히니 점점 더 말을 하지 않게 됐다. 말해봤자 어차피 모를 것이고, 어깃장을 놓을 것이 뻔하다는 생각이 강했기 때문이다. 하지만 아이를 위해서는 변해야 했다.

"정우 다음 달에 발명대회에 나가요."

"농구팀에 멤버가 한 명 늘어났어요."

"정우 5학년 때는 대학교 부설 영재원에 보내려고 해요. 그래서 시험 준비를 해야 해서 바빠요."

아이의 사소한 변화와 일정, 그리고 중대한 계획에 대해 말하면서 남편을 아이 교육이란 선 안으로 끌어들였다. 아이 교육에 대한 내 생각과 그것의 좋은 점에 대해 차분히 설명하자 남편도 서서히 달라졌다. 이전보다 훨씬 나를 이해해주었고, 언성을 높이는 일도 줄어들었다.

나는 남편에게 아이 픽업 등 사소한 부탁을 하기 시작했다. 그것만으로도 굉장히 편해졌다. 그동안은 당연히 나 혼자 하는 일이라 힘들다는 생각을 할 겨를도 없었는데, 남편이 도와주니 아등바등하지 않고 편하게 내 볼일도 볼 수 있었다. 진작 도와달라고 할 걸 왜 혼자 모든 걸 해야 한다고 생각했을까? 아이가 클수록 아빠의 도움이 더 필요한데 지금이라도 서로 변화하게 되어 다행이란 생각이 들었다.

정우가 고대 영재원 수업을 받던 날, 일이 생겨서 수업이 끝날 때까지 기다릴 수가 없었다. 어쩔 수 없이 남편에게 끝나면 밥 먹이고 팀운동 하는 데 데려다주라고 부탁했다.

일이 끝나고 집에 가보니 나의 주문과 부탁을 완수하고, 남편은 침대에 누워 코를 골고 있었다. 아침에 나와 함께 아이 영재원에 갔다가 끝나길 기다리고, 그다음 팀운동 하는 곳에 아이를 데려다주고 데려온 일이 너무 고단했던 것이다. 달게 잠을 자고 일어난 남편은 진심으로 말했다.

"차가 막혀서 왔다 갔다 엄청 고생했네. 그동안 당신 혼자 고생 많이 했어. 힘들었겠다."

그렇게 우리는 서로를 조금씩 이해하기 시작했다.

서로의 생각을
공유하고 수정하라

남편 도움을 받기 시작하면서 내가 너무 자만했다는 생각을 했다. 대학까지 아직 7년 이상의 시간이 남았는데 이렇게 혼자 애쓰다가는 내가 먼저 나가떨어질지도 모른다. 그럼 결국 희생양이 되는 것은 아이다. 내 몸과 마음이 피곤하면 나도 모르게 날카롭게 굴게 된다. 긴 시간을 잘 헤쳐나가려면 남편과 손을 잡는 것이 훨씬 지혜로운 선택이다.

"방송을 보고 깜짝 놀랐습니다. 우리 남편도 정우 아빠랑 똑같아요. 부부의 교육 갈등을 어떻게 해결해야 할까요?"

〈둥지탈출〉 방송 이후 SNS로 메시지를 받았다. 나처럼 부족한 사람에게 조언을 구하니 연락을 받을 때마다 난감하지만, 내 경험 안에서 말씀을 드리려고 노력한다.

"정말 진부한 답변이지만, 대화를 많이 나누어보세요. 생각을 공유하다 보면 서로에게 이해되는 부분도 있고, 그러면서 교육 방향이 수정되더라고요. 나 혼자 키우는 게 아닌 이상 남편과 협력해야 한다고 생각해요."

돌아보면 내가 남편에게 설득된 것이 몇 가지 있다.

그중 하나가 '재미있게 공부하게 하라'였다. 방송에 비친 내 모습은 언뜻 완벽해 보이지만, 실상을 들여다보면 실수투성이에 매일 자아 성찰을 하는 엄마다. 현재 나의 모습은 하루아침에 만들어지지 않았다. 나 역시 많은 시행착오를 겪고 좌절했다.

정우가 1학년 때는 나도 이제 막 초보 학부모가 됐기에 아이를 잘 다루지 못했다. 수학 문제 앞에서 끙끙대는 아이에게 "이걸 왜 몰라?" 하고 핀잔을 준 적도 있다. 그때 남편은 나를 따로 불러서 공부를 시키려면 애가 재미를 느끼게 해주라고 했다. 그 말을 들었을 때는 '내가 개그맨도 아니고 어떻게 재미있게 시키란 거지? 그렇게 자신 있으면 자기가 해보든가' 하는 생각을 했다. 하지만 차분히 돌아보니 내가 정우에게 실수했고, 남편 말이 맞았다. 그래서 아이에게 말을 조심하고, 아이가 학습에 흥미를 느낄 방법을 고민하기 시작했다.

두 번째는 '공부를 꼭 해야 한다면 운동도 반드시 병행하라'였다. 나는 학창 시절 운동과 담을 쌓고 살았다. 체력이 약해서 운동을 하고 나면 오히려 더 피곤했기에 자꾸 운동을 시키라는 남편 말에 동의하기 어려웠다. 남편 말대로 매일 운동을 시키면 아이가 피곤해져서 공부에 집중하지 못하게 될 것이 염려됐기 때문이다.

하지만 운동의 중요성을 강조하는 남편의 주장대로 태권도, 수영, 농구 등을 시키게 됐다. 그런데 고학년이 될수록 운동의 효과를 톡톡히 보고 있다는 생각이 든다. 운동을 하고 난 뒤에도 아이는 활력을 잃지 않았고, 스트레스를 해소해서인지 더 공부에 집중하는 듯했다. 또 시간이 날 때 그냥 집에서 뒹굴뒹굴하는 것보단 운동을 하는 편이 훨씬 낫다.

마지막은 '성장기 아이는 일찍 자야 한다'였다. 그 말은 정말 귀에 못이 박이도록 들었다. 그래서 정우도 나도 가능한 한 너무 늦지 않게 일정을 마무리하기 위해 애쓰게 됐다.

남편도 그동안 내가 정우를 교육하고 아이가 어떤 모습으로 성장했는지 지켜보면서 아이를 돌보는 방식이 달라졌다. 이것은 남편이 나에게 설득된 부분이라고 생각한다. 요즘 나는 남편에게 정우를 맡기고 일을 보러 간다. 전에는 남편이 못 미더워 하지 못했던 일이다. 전에는 나만 없으면 아이를 데리고 나가서 놀 궁리만 했는데 이제는 아이가 시간표를 잘 지킬 수 있도록 돕는다. 정우가 잠시라도 엄마 없는 자유를 만끽하려고 하면 은근히 걱정하면서 이렇게 말한다고 한다.

"엄마 없다고 그래도 돼? 조정우, 잘 생각해봐."

남편이 가장 크게 변화한 계기는 정우의 고대 영재원 시험이었다. 이 시험을 준비하던 시기부터 나와 남편은 정우의 교육에 대해 점점 더 많은 이야기를 나누기 시작했다. 남편은 그때 정우가 어떤 공부를 얼마나 하는지 보고, 내가 옆에서 아이를 어떻게 돌보는지 처음으로 제대로 보게 됐다.

영재원 1차 시험이 있던 날, 남편도 함께 시험장으로 갔다. 전국에서 많은 아이들이 시험을 치르러 왔다. 수능 시험장 같은 열기에 남편은 크게 놀란 듯했다. 그리고 조용히 혼잣말을 했다.

"이게 보통 일이 아니구나."

정우를 시험장에 들여보낼 때 남편의 눈빛이 전에 없이 애틋해 보였던 게 내 착각은 아닐 것이다.

총 2차에 걸쳐 시험을 치르는 동안 남편은 정우가 열심히 노력하는 모습, 내가 매일 기도하며 공을 들이는 모습을 지켜보았다. 그 덕분에 남편도 간절한 마음으로 좋은 결과를 기다리게 됐다. 최종 결과가 나올 즈음 남편은 행사 때문에 외국에 나가 있었는데, 하루에 몇 번씩 연락하며 함께 좋은 소식을 기다렸다. 그동안 정우가 치른 다른 시험 결과를 기다릴 때와는 사뭇 다른 반응이었다. 마침내 합격했다는 소식을 전했을 때 남편은 진심으로 기뻐했다.

정우의 고대 영재원 합격은 우리 세 가족의 기쁨이자 서로 화합하는 계기가 됐다. 시험을 준비하느라 정말 고생한

정우는 합격이라는 좋은 결과와 함께 자신감을 얻게 됐고, 나는 남편이라는 든든한 협력자를 얻었다. 남편도 드디어 아빠로서 아이 교육에 적극적으로 참여하게 됐다.

그 일 이후 남편이 우리를 보는 시선이 달라졌다. 정우에겐 그렇게 열심히 하더니 마침내 해냈다며 대견해했고, 나에겐 옆에서 고생이 많았다며 내 공을 인정해주었다. 드디어 남편과 나는 한마음 한뜻으로 노를 젓게 된 것 같다. 우리의 목적지는 하나, 바로 정우가 행복해지는 것이다.

"아들, 힘들어?
그럼 쉬어! 놀아!"

〈능시밀률〉을 촬영할 때 제작진이 정우에게 가족의 점수를 몇 점으로 매기고 싶은지 물어보았다. 정우는 37.5점이라고 대답했다. 그리고 이유에 대해 "사람이 따뜻한 온도가 37.5 도잖아요. 가족이 따뜻하니까 이 점수를 줬어요"라고 했다.

나는 녹화를 하기 전까지 정우가 그런 말을 했는지도 몰랐다. 촬영 당시 정우는 인터뷰를 혼자 했는데 그 부분이 계속 마음에 걸렸다. 혹시 아이가 말실수를 해서 사람들 입에 오르내릴까 봐 걱정되어서다. 녹화 전, 작가님께 연락해서 정우 편집이 잘됐냐고 물어보니 "인터뷰 잘했어요. 감동이니까 방송으로 직접 확인하세요"라며 웃으셨다.

작가님 말대로 녹화장에서 그 말을 듣고 감동해서 눈물이 나올 뻔했다. 정우가 어릴 때 남편과 자주 싸운 것이 늘 미안했는데 우리 가족의 현주소를 따뜻하다고 해서 정말 다행이었다. 그동안의 노력이 헛되지 않았고, 아이에게 내 마음이 전달됐구나 싶었다.

정우는 엄마·아빠가 사이좋은 모습을 보이기를 바란다. 그래서 남편과 조금만 말다툼을 해도 어서 화해하라면서 서로 손을 잡게 한다. 그리고 "엄마가 그런 말 하면 아빠가 섭섭하잖아요" 또는 "아빠, 엄마 화나게 하지 마세요" 같은 말도 한다. 그럼 아이를 봐서라도 화가 풀린다. 20년 이상 따로 떨어져 전혀 다른 삶을 살아온 남녀가 부부가 됐고, 이제 아이로 인해 서로 이해하고 화합해나간다는 생각이 들었다.

남편과 나는 서로에게 설득당하고 변화했지만 여전히 다른 캐릭터를 유지하고 있다. 그리고 요즘은 그게 더 좋다는 생각을 한다. 만약 남편이 나와 똑같은 사람이었다면 정우는 숨이 막혔을지도 모른다. 정우에게 아빠는 숨통을 틔워

주는 존재다.

남편은 정우가 열심히 공부하고 있으면 괜히 옆에 가서 한마디 한다.

"아들, 힘들어? 그럼 쉬어! 놀아!"

그럼 정우는 웃으며 말한다.

"안 돼요, 아빠! 이거 끝내고 놀 거예요."

그래도 남편은 계속 쉬라고 아이를 쿡쿡 찌른다. 가끔은 그 레퍼토리가 너무 길어서 내가 방해 그만하라고 짜증을 낼 정도다. 하지만 옆에서 공부를 잘하고 있는지 지켜보는 엄마와 달리 놀라고 부추기는 아빠가 있어서 아이의 심적 부담이 줄어든다는 것을 잘 알고 있다.

요즘 남편은 아침에 볶음밥을 해주기도 하고, 아이를 학원이나 체육관에 데려다주기도 한다. 내가 모든 걸 혼자 하려고 하지 않고 남편을 교육의 선 안으로 끌어들이면서 일어난 변화다. 남편에게도 정우의 아빠로서 자기 몫을 하고 있다는 느낌을 주고 싶어 일부러 도움을 청하기 시작했는데, 이제는 알아서 척척 해주니 몸도 마음도 한결 편해졌다.

초등학교 3학년 때
〈KBS 누가누가 잘하나〉
노래대회에서 '버금상'을 받아
기뻐하는 아이와 남편.

아이 교육에서 남편은 세 가지 역할을 한다. 바로 운동 메이트, 영화 메이트, 공부 메이트다. 운동은 원래부터 남편이 맡아 해주던 것이다. 내가 아이와 함께하지 못하는 것 중 하나가 수영처럼 강도 높은 운동인데 남편이 맡아주어서 다행이다.

또 남편은 아이가 좋아할 만한 것으로 영화 선정을 참 잘한다. 정우는 주말에 아빠와 영화 보러 가는 것을 좋아한다.

아빠 덕분에 바람도 쐬고 기분 전환도 제대로 하고 있다. 아이가 남편과 영화를 보러 간 사이 나는 달콤한 휴식을 즐기곤 했는데 요즘은 이것도 함께해야겠다는 생각을 한다. 영화를 보고 와서 두 사람이 떠드는 것을 보면 도무지 대화에 동참할 수가 없다. 다음엔 기어코 따라갈 참인데 몸이 따라줄지 모르겠다.

공부 메이트는 남편이 비교적 최근 맡게 된 역할이다. 엄마와 정우, 서로가 선생님과 학생이 되어 강의를 해보는 '강의놀이'는 원래 둘이서만 했는데 가끔 남편이 끼면 북적북적하고 더 재미있다. 유머를 갖추려고 해도 자꾸 진지해지는 엄마와 달리 남편은 아이에게 농담도 던지면서 즐거운 분위기를 만든다. 정우도 그런 분위기 속에서 하는 '강의수업놀이'를 훨씬 좋아한다.

아이가 자랄수록 남편의 역할이 점점 커지는 것 같다. 나는 아이와 사격 게임이나 수영을 해줄 수 없고, 성교육도 제대로 하기 어렵다. 그래서 이젠 남자 대 남자로서 시간을 자주 보내도록 배려해주는 편이다. 때로 두 사람만의 비밀 대화도 나누는데, 엄마와 아들과는 또 다른 애틋함과 정이 있지 않을까 싶다.

아이 교육이란 동서고금을 막론하고 참 중요한 주제란 생각이 든다. 세상 모든 부모는 자식을 잘 키우고 싶어 한다. 하지만 부모의 교육관이 일치하지 않으면 부부가 서로 갈등할 뿐 아니라 아이도 힘들어진다. 남편과 나도 완전히 다른 생각을 가진 사람들이었기에 서로 이해하고 받아들이는 과정이 쉽진 않았다. 그리고 앞으로도 우리는 많은 대화를 해야 하리라고 생각한다. 하지만 앞으로 나는 남편의 말을 귀담아 들을 것이고, 아이 교육에 대한 내 생각을 남편과 공유할 것이다. 서로 생각이 엇갈리더라도 우리는 내 아이의 행복이라는 공동의 목표를 가지고 있으니 꼭 좋은 방법을 찾아내리라고 믿는다.

내 아이를 영재로 바라보면 영재가 된다

아이의 사소한 변화와 일정,
그리고 중대한 계획에 대해 말하면서
남편을 아이 교육이란 선 안으로 끌어들이자
이전보다 훨씬 이해도가 높아졌다.

엄마라는 존재는 아이에게 절대적인 영향을 미친다. 내 어린 시절만 돌아봐도 엄마의 기분이나 컨디션에 따라 집안 분위기가 밝아지기도 하고 어두워지기도 했다. 엄마의 마음이 건강해야 하는 이유가 여기에 있다. 그 무렵 나는 마음과 달리 아이에게 상처 주는 말과 행동을 할 때가 있었고, 그 일로 며칠씩 괴로워했다. 아무리 생각해봐도 정우를 잘 키우려면 내가 먼저 달라져야 했다.

5장

후
회
하
지
않
는
엄
마
되
기

정우야, 엄마도 사실 꿈이 참 많단다.

아무도 나에게 전업주부가 되라고
강요한 적 없다

'이렇게까지 마음이 많이 힘들면서 일을 계속 해야 할까?'
정우를 봐주시던 가사 도우미분이 몸이 안 좋아 일을 잠깐
쉬겠다고 하신 날, 나는 점심도 거른 채 자리를 지켰다. 그
날따라 몹시 지치고 우울감이 밀려왔다. 며칠 내로 그만둔
다고 하셨으니 빨리 다른 분을 찾거나 정 안 되면 내가 육아
휴직을 해야 했다. 하지만 아무것도 하기 싫었다.

　방송인 신재은. 이 타이틀을 걸고 일을 하는 순간엔 엄마
로서의 나, 아내로서의 나를 완전히 잊었다. 하지만 마이크
를 떼면 저절로 정우 생각이 났다. 아침에 아이를 두고 올

때마다 미안했고, 아이가 아프거나 주말에 일을 나갈 때는 눈물이 나기도 했다. 모든 워킹맘이 이런 상처를 견디며 사는 것일까? 새삼 나보다 앞서 이 길을 간 분들이 대단하게 느껴졌다.

정우는 유치원에서 돌아오면 내가 퇴근할 때까지 도우미 분과 지냈다. 그런데 정을 붙이고 지내던 분이 그만두면 아이도 나도 힘들어졌다. 새로운 분이 오면 다시 아이가 며칠 동안 서먹해서 마음이 쓰였다. 이 과정이 반복되다 보니 스트레스가 이만저만이 아니었다. 많은 엄마가 이 지점에서 '워킹맘 포기 선언'을 하는 듯하다.

수입 면에서 따져보면 내가 일하는 것이 오히려 적자였다. 도우미분 월급도 만만치 않고 생활비도 많이 든다. 방송인으로서 TV에 출연할 기회를 지속적으로 얻는 것이 가장 큰 장점이지만, 몸과 마음이 지치다 보니 일에서 보람이 느껴지지 않았다. 또 냉정히 말해 내가 잘 나가는 방송인도 아니었다.

나는 가족들에게 의견을 물어보았다. 남편은 일을 그만두면 복귀하기 어렵다고 반대했고, 엄마 품이 그리운 정우는 찬성했다. 그러나 두 사람의 의견이 어떻든 나는 이미 그만 두는 쪽으로 마음이 기운 상태였다.

수입 면에서 내가 일하는 것이 오히려 적자라는 것, 정우 가 초등학교에 입학하면 엄마가 신경 쓸 게 많아진다는 것. 이 두 가지가 내가 일을 그만두기로 한 이유다. 나는 냉정한 손익계산을 했다고 스스로를 위로했다. 그리고 정우의 초등 학교 입학을 앞두고 잠정적으로 일을 그만두었다.

전업주부가 된 초반은 질풍노도의 시기라 해도 될 정도 다. 나도 그렇게 힘들 거라곤 예상하지 못했다. TV로 얼마 전까지 함께했던 동료의 모습을 보면, 나만 뒤처지는 것 같 아 가슴이 답답했다. 커리어우먼 신재은은 온데간데없이 사라졌다.

회사에선 열심히 하면 노력한 만큼의 인정과 대가를 받았 지만, 집에서는 나를 인정해주는 이가 없었다. 도대체 어디 에 마음을 의지해야 할지 몰랐다. 그래서 나도 모르게 아이 에게 지나친 열정을 쏟았다.

'정우가 자기만 돌봐달라고 했었나?'

'남편이 일을 그만두고 살림만 하라고 했었나?'

아무도 나에게 전업주부가 되라고 강요하지 않았다. 오히려 남편은 내가 커리어를 중단하는 것을 안타까워했다. 이것은 온전히 내가 선택한 길이었다. 그러니 누구를 원망해서도 안 되고, 아이를 열정의 희생양으로 삼아서도 안 됐다.

머리와 가슴이 따로 놀아 괴로워하던 어느 날의 일이다.

나는 정우가 학원 수업 마치기를 기다리고 있었다. 조금 일찍 도착해서 어떻게 시간을 보낼까 하다가 유튜브를 켜서 영상을 보았다. 그리고 어떤 한 강사의 강의를 발견했는데 마침 주제가 '엄마'였다. 아무 생각 없이 영상을 보다가 어느 순간부터 빠셔들었디.

일단 시작하면 성과를 내고 싶어 하는 성격이라 아이 키우는 것도 일처럼 잘하려고 하는 나. 마음대로 되지 않으면 좌절하고 별것 아닌 일에도 화를 내는 나. 강의를 듣는 동안 아무에게도 털어놓지 못한 이런 나를 들키고 따스한 위로도 받았다. 서럽고 미안하고 고마운, 복합적인 감정이 한꺼번에 폭발해서 눈물이 흘렀다. 그렇게 펑펑 울고 나니 후련하고 마음이 편안해졌다.

엄마라는 존재는 아이에게 절대적인 영향을 미친다. 내

어린 시절만 돌아봐도 엄마의 기분이나 컨디션에 따라 집안 분위기가 밝아지기도 하고 어두워지기도 했다. 엄마의 마음이 건강해야 하는 이유가 여기에 있다. 그 무렵 나는 마음과 달리 아이에게 상처 주는 말과 행동을 할 때가 있었고, 그 일로 며칠씩 괴로워했다.

아무리 생각해봐도 정우를 잘 키우려면 내가 먼저 달라져야 했다.

'마음이 건강한 사람이 되기 위해 스스로 힐링할 방법을 찾아보자!'

전업주부가 된 내가 세운 첫 번째 목표는 바로 이것이었다.

엄마도 멘탈 관리가
필요하다

〈인사이드 아웃〉은 성우의 내가 재미있게 본 영화다. 주인공 라일리 안에는 기쁨이, 슬픔이, 버럭이, 까칠이, 소심이 등 다섯 가지 감정이 산다. 영화는 우연한 실수로 기쁨이와 슬픔이가 라일리의 마음에서 사라지면서 벌어지는 이야기를 담고 있다.

결혼을 해서 아이를 키우다 보면 기쁨이보다는 버럭이나 슬픔이가 될 때가 많다. 그래서 영화 속 기쁨이가 라일리로부터 슬픔이를 떼어놓으려고 한 것처럼, 부정적인 감정을 없애버리고 싶기도 했다. 하지만 슬픔도 기쁨과 마찬가지로

존중받아야 하는 감정이다. 슬픔과 같은 피하고 싶은 감정들도 제대로 느끼고 표현할 때 우리 마음이 다시 기쁨으로 채워지기 때문이다.

정우의 여섯 살을 우리 부부는 반항의 시기로 추억한다. 정확한 이유는 모르지만 당시 정우는 엄마·아빠 말을 잘 듣지 않고 사소한 일에도 화를 냈다. 한마디로 버럭이, 까칠이였다. 혼을 내야 하나 달래야 하나 갈등이 됐지만 전문가들의 조언대로 우선 아이 마음을 읽어주기로 했다. 그래서 방송 놀이를 시작했다.

"안녕하세요. 저는 지금 용산구에 살고 있는 여섯 살 조정우 어린이를 만나러 왔습니다. 아까 장난감을 던졌다고 들었는데 무슨 안 좋은 일이라도 있었나요?"

내가 리포터가 되어 손을 마이크처럼 내밀면 아이는 자기가 화난 이유를 설명했다.

"오늘 같이 피자 먹으러 가기로 했는데 엄마가 또 늦었습니다. 엄마 기다리다 배고파서 그냥 집에 있는 밥을 먹었거든요."

"맛있었습니까?"

"그냥 보통. 저는 피자를 더 좋아해서 그걸 먹고 싶었어요."

"그랬군요. 섭섭할 만합니다. 신재은 씨 이야기를 들어보니 오늘 너무 바빠서 눈썹이 휘날릴 정도였다고 하는데요. 여기 보세요, 속눈썹 없어진 거 보이죠? 정우가 엄마를 용서해주면 내일은 꼭 같이 피자 먹으러 갈 거라고 합니다. 어떤가요, 용서해주시겠습니까?"

"네. 이번 한 번만 용서하겠습니다."

"감사합니다. 그래도 엄마가 정우를 보러 뛰어왔는데 장난감을 던진 건 좀 너무했다는 생각이 안 드십니까?"

"그건 제가 잘못했습니다. 엄마, 죄송해요!"

이렇게 약간의 웃음 코드를 장착해서 방송 놀이를 하고 나면 정우의 감정도 가라앉았다. 또 나도 아이를 야단치지 않을 수 있어서 좋았다. 방송 놀이를 하면서 부정적인 감정을 억압하는 게 능사가 아니라는 것, 그것을 건강하게 표현하는 법을 알려줘야 한다는 걸 깨달았다.

하지만 중이 제 머리 못 깎는다고 막상 내 일이 되니 머릿속으로 알던 이론은 모두 잊어버리고 감정의 꼭두각시가 되고 말았다. 나와의 방송 놀이가 필요할 판이었다. 아차 싶어서 정신을 차리고 정우에게 한 것처럼 내 감정을 읽고 토닥여주었다.

"아까 남편과 말다툼한 게 신경 쓰이나 보구나. 남편도 일부러 그런 건 아닐 거야. 내가 마음이 우울하다 보니 더 확대 해석한 경향이 있어. 한숨 자고 내일 다시 생각해보자."

이렇게 혼잣말을 하거나 노트에 감정을 쏟아냈다. 그럼 격렬한 파도 같던 감정도 서서히 가라앉고 차분해졌다.

엄마들은 감정노동자에 가깝다. 아침부터 저녁까지 아이의 감정을, 남편이 퇴근하고 돌아오면 남편의 감정을 받아준다. 하지만 정작 자신은 돌보지 못한다. 그러다 갑자기 폭발하면 나만 손해다. '나는 부족한 엄마' 라는 죄책감에 시달리게 되기 때문이다. 차라리 그 전에 내 감정을 돌보는 게 나은 것 같다. 물을 가득 채운 독은 언제든 넘치게 마련이다. 넘치기 전에 미리미리 덜어내는 것이 좋다.

내 감정을 이해하고 표현하는 것 외에 멘탈 관리에 도움이 된 것은 동영상 강의와 책들이었다. 혜민 스님 강의처럼 마음에 위로와 힐링이 되는 동영상들로 시작했다가 교육,

엄마인 내 마음이 안정되어 있을 때, 아이의 마음과 얼굴이 밝은 것 같다.

생활에 도움이 되는 정보, 인테리어, 요리 콘텐츠들로 관심의 범위를 넓혔다. 특히 평범한 주부들이 자기계발과 육아 두 마리 토끼를 잡는 모습을 보면 나도 더 노력해야겠다는 생각이 들었다. 유튜브 방송은 주로 약속장소에서 사람을 기다릴 때 또는 아이 학교나 학원 앞에서 기다릴 때 본다. 10분에서 30분 내외의 짧은 콘텐츠들이 많아 바쁜 주부들이 이용하기에 좋은 것 같다.

그리고 책은 정우 학원 근처 서점에 갔던 일을 계기로 열심히 보게 됐다. 당시 나는 외출을 거의 하지 않았다. 가끔 어깨를 풀어주러 마사지숍에 가는 게 외출의 전부였는데, 책에서 도움을 얻은 뒤로는 서점 문턱이 닳도록 드나들었다.

오랜만에 서점에 갔을 때 느꼈던 자유로운 기분이 지금도 떠오른다. 커피 한 잔을 뽑아 마시며 내키는 대로 서점을 둘러보다가 책 한 권을 골라서 선 채로 읽었다. 누굴 만난 것도 아니고 혼자서 책을 읽었을 뿐인데 서점을 나설 땐 마음이 밝아져 있었다. 낯모르는 저자에게 책을 통해 위로받고 고민에 대한 해답을 얻었기 때문이다. 마음이 조금씩 건강해지자 사람들을 만날 용기도 생겼다.

나는 직업 특성상 사람들 만나는 것을 좋아하는 편이다. 그런데 전업주부가 된 초기엔 내가 어떤 사람이었는지 잊을 만큼 폐쇄적인 사람이 됐다. 정우를 돌보는 일에만 열의를 쏟았고, 시간이 남으면 전기장판 위에 누워 쉬는 것이 유일한 낙이었다. 사람들에게 다가가지 못했고, 혼자서도 잘할 수 있다고 생각했다. 하지만 엄마가 혼자면 아이도 혼자일 수밖에 없다. 그래서 용기를 냈다.

내가 다시 사람들 틈으로 들어가자 정우도 세상과 연결됐다. 현재 아이가 주말마다 하고 있는 농구팀과 축구팀은 내가 주도해서 만든 것이다. 또 박물관 체험 등 단발적인 모임도 기회가 될 때마다 기획하고 있다. 정우와 내가 함께 바람직한 방향으로 접어들게 됐다.

요즘도 나는 시간이 되면 엄마들과 브런치를 하고, 통화는 거의 매일 한다. 그리고 엄마들이 모인 카카오톡 단체 채팅방을 상단에 고정해두고 고민이 있거나 도움이 필요할 때 제일 먼저 상의한다. 서로 믿고 도움을 주고받을 수 있는 그룹이 있다는 것이 그렇게 든든할 수가 없다.

힘든 마음과 희망에 부푼 마음을 오가며 하루하루를 살다 보니 귀염둥이 아들은 어느새 훌쩍 자라 5학년이 되어 있었다. 그리고 나도 엄마 신입생에서 5학년이 됐다. 물론 아직 초등 레벨이고 갈 길이 멀지만 말이다. 정우에겐 미안한 것도 고마운 것도 참 많다. 내가 아이를 키웠다기보다 아이를 통해 성장했다는 생각이 든다. 실수투성이 엄마를 매번 용서해주고 믿어준 정우가 무척 고맙다.

"엄마도 이제
엄마 인생을 사세요!"

"당신 더 늦기 전에 방송 복귀해야지."

이제야 엄마 노릇에 자신감이 좀 붙었는데 남편이 다시 잔소리를 시작했다. 남편은 자기 일을 굉장히 소중하게 여기는 사람이다. 매일 아침 6시에 일어나 운동을 하면서 체력을 다지고, 방송 준비도 한결같이 열심히 한다. 같은 업계에서 일하던 사람으로서 존경스러울 때가 많다.

전업주부가 되기 전 남편과 육아 부담을 나누면 어떨까 생각해본 적도 있다. 하지만 금방 마음을 접었다. 남편은 항상 바쁜 사람이었다. 나보다 훨씬 능력이 뛰어나고 여기저기 부르는 곳이 많았다. 차라리 내가 육아에 전념하고 남편은 일에 집중하게 하는 게 맞는 것 같았다. 그런 남편이 가끔 이런 말을 한다.

"당신 참 능력 있는 사람인데, 애만 보느라 그걸 썩히고 있는 게 너무 아까워."

겉으론 아닌 척해도 내심 기분이 좋긴 했다.

〈둥지탈출〉 촬영 때 정우가 "엄마도 이제 엄마 인생 찾으세요!"라고 했다. 물론 남편이 하는 말을 옆에서 듣고 한 말이란 걸 알지만, 아이의 말은 다른 무게로 다가왔다. 섭섭함과 고마움이 반반씩 섞인 감정이라고나 할까. 두 사람이 합동작전을 펼치지 않아도 나도 슬슬 다시 일을 할 시기에 대해 생각하고 있다. 그러니 너무 보채지 말길!

정우가 2학년 땐가? 위인전을 읽으며 꿈에 대해 이야기를 나누다가 갑자기 내가 그랬다.

"정우야, 엄마도 꿈이 참 많다."

그 말에 아이가 신기하다는 얼굴로 나를 보았다. 하긴, 나도 우리 엄마가 엄마 말고 하고 싶은 게 있을 거라곤 생각하지 못했으니까. 나는 정우에게 과거형이 아닌 현재형으로 말했다. 정우의 꿈이 곧 나의 꿈이자 목표가 되고 정신없이 바쁜 날이 이어졌지만, 하고 싶은 것은 계속 생겨났다. 어느 날엔 드라마 작가가 되고 싶었다가, 또 어느 날엔 몸에 좋은 한방 음료 카페를 차리고 싶어졌다. 갑자기 사업 구상이 떠올라 계획서 초안을 만들기도 했다.

정우보다 나이가 많은 아이를 키우는 엄마들의 변화도 주의 깊게 보고 있다. 아이가 중학생이 되면 확실히 초등학생일 때보다 엄마만의 시간이 늘어난 듯 보인다. 그래서 아가씨 때처럼 자신을 꾸미거나 운동을 하고, 한국사 자격증과 우리말 자격증 같은 시험에도 응시하는 엄마들이 많다. 엄마와 아내라는 이름으로 사는 것은 보람 있는 일이지만, 인생의 어느 시점에선 다시 나라는 인간의 삶에 대해 고민하는 시기가 오는 것 같다.

나는 신사임당과 같은 평산 신씨다. 어릴 때 '조상 중에 이름 높은 분이 계시구나' 정도로 생각했을 뿐이었다. 그러다 최근 신사임당의 삶을 조명하는 책을 읽고 그분의 다른 면모를 알게 되면서 나의 롤모델로 삼게 되었다.

내 아이를 영재로 바라보면 영재가 된다

신사임당 하면 모두 '현모양처'를 떠올린다. 조신 중기의 학자 율곡 이이는 지금으로 치면 4차 혁명을 이끌어가는 창의적 융합 인재로, 신사임당은 그를 훌륭하게 키워낸 어머니로 기억된다. 그러나 신사임당은 동시에 훌륭한 화가이기도 했다. 여성 인권이 낮았던 시절, 평생 화가로서의 자아실현을 게을리하지 않았다는 점이 나에게 큰 감동으로 다가왔다.

어머니로서의 역할을 훌륭하게 해내는 동시에 나를 잃지 않는 것. 말이 쉽지 실제로 이렇게 살기란 얼마나 어려운가! 나는 엄마가 당당한 여성으로 제 몫을 해나가기 어려운 데에는 이 사회 구조에도 문제가 있다고 본다. 일을 하고 싶어도 엄마의 발목을 붙잡는 '어쩔 수 없는 상황'이 너무 많다. 하지만 그럼에도 이젠 그 장애 요소들을 뛰어넘어 엄마로서의 나, 주체적인 인간으로서의 나를 동시에 추구하고 싶다는 생각이 들었다.

역사 속에서 자식을 훌륭하게 키워낸 어머니는 많다. 조선 최고의 명필가 한석봉을 키워낸 어머니도 그중 한 분이다.

"나는 떡을 썰 테니 너는 글을 쓰거라."

한석봉을 크게 깨우친 이 말은 지금도 후세에 전해지고

있다. 이외에 많은 위인들 뒤에는 훌륭한 어머니들이 계시지만 그 어머니들의 이름은 많은 사람들이 알지 못한다. 만약 그 어머니들이 21세기 한국 사회를 사는 여성이라면 이런 시나리오를 생각해볼 수도 있지 않을까? 공부도 많이 하고 직장에서도 인정받는 똑똑한 여성이었으나 결혼 후 아이에게 올인하면서 자기 커리어를 멈추게 된 것이라고.

가끔 지갑에서 돈을 꺼낼 때 기분이 묘하다. 5만 원권에는 신사임당의 초상화가, 5천 원권에는 그의 아들 율곡 이이의 초상화가 그려져 있기 때문이다. 신사임당은 훗날 후손들의 화폐에 아들과 함께 등장하게 되리라고 상상이나 했을까?

물론 나는 그분과 같은 인생을 살 수는 없다. 그만큼 훌륭해지는 것이 굉장히 어렵고, 그럴 깜냥도 안 된다. 다만 바쁜 삶에 쫓기느라 나를 잊을 때마다 그분의 삶을 기억해내고 싶다. 500년 전 나보다 앞서 주체적인 삶을 살아간 한 여성을 떠올리면서 잠시라도 용기를 얻고 싶다.

내 아이를 영재로 바라보면 영재가 된다

아들은 어느새 훌쩍 자라 5학년이다.
그리고 나도 엄마 신입생에서 5학년이 됐다.
내가 아이를 키웠다기보다 아이를 통해 성장했다는 생각이 든다.

에필로그

내 이름으로 책을 출간하게 되다니! 기대하지 못했던 일이 현실이 되니 기분이 묘하다. 사실 원고 작업 막바지까지 머리가 복잡했다. '우리 이야기가 어떻게 비칠까? 내가 정말 누군가에게 도움이 될 수 있을까? 더 해야 할 이야기는 없을까?' 이런 생각들 때문이었다.

가장 큰 걱정은 아이였다. '명문대 영재교육원에 합격', '상위 0.3퍼센트 영재' 방송 출연 뒤 이런 타이틀로 기사가 나가면서 부담감에 시달렸다. 하지만 다른 사람들의 시선과 기대는 내가 노력을 멈추지 않도록 하는 원동력이 될 수도 있지 않을까? 이렇게 모든 일은 생각하기 나름이라며 마음을 다잡았다.

이 책을 손에 든 독자들은 아이의 학습에 관심을 가진 분들일 것이다. 또한 영재원에 대한 정보를 얻고자 하는 분들도 있을 것이다. 영재원 이야기는 여러 경험 중 하나로 소개하느라 따로 자세한 팁을 싣지 않았는데, 그 부분이 조금 아쉽게 느껴져서 이 자리를 빌려 이야기를 보태려 한다.

자녀를 대학 영재교육원에 보내고자 한다면 우선 해당 학교의 설명회에 참석할 것을 권하고 싶다. 정우가 다니는 고려대학교 영재교육원은 매년 설명회를 열고, 해당 연도에 진행되는 영재교육에 대한 중요한 입시 정보를 제공한다. 해마다 시험 유형이 달라지기 때문에 관심을 갖고 챙기는 것이 좋다.

그리고 아이가 지원하려는 분야의 대회를 알아보고 참여하자. 정우는 고려대학교 영재교육원에서 수학, 과학, 컴퓨터를 융합적으로 배울 수 있는 '융합 초등 기초분야'에 지원했다. 정우는 처음부터 수학·과학 쪽 영재원을 준비했기에 매년 '과학의 달' 행사로 진행되는 발명품 경진대

회와 탐구발표대회 등에 참여했다. 이 경험과 산출물들이 자기소개서를 쓸 때와 심층면접에 큰 도움이 되었다.

마지막으로, 관련 분야의 책을 평소에 읽히는 것이 좋다. 정우가 시험을 본 해에는 수학적인 계산 문제들도 나왔는데 《창의사고력 수학 키즈 팩토》 시리즈, 《영재사고력 수학 1031》 시리즈 등이 도움이 되었다. 독서의 중요성은 아무리 강조해도 지나치지 않다. 초등학생 시기는 정말 '독서의 황금기'다. 독서는 학교 공부뿐 아니라 영재교육원 준비에도 많은 도움이 된다.

영재원 준비를 앞둔 학부모에게 정말 필요한 것은 어쩌면 용기일지도 모르겠다. 아무것도 하지 않으면 아무 일도 일어나지 않는다. 나도 정우가 천재라서, 뛰어난 영재성이 있어서 영재원의 문을 두드린 것은 아니다. 2학년 2학기 무렵 교육청에서 배부한 안내문 한 장을 받아들었을 때 이상하게도 도전하고 싶은 마음이 샘솟았다. 만약 그때 '우리 아이는 영재가 아니니까 이런 곳엔 갈 수 없어'라고 생각했다면 오늘의 정우는 없었을 것이다. 그러니 결과를 미리 단정 짓지 말고 일단 도전해보자.

'이건 우리 애에게 너무 어려운 과제야.'
'아이뿐 아니라 나도 이 도전을 감당할 수 없어.'
'혹시 실패하면 아이와 나에게 모두 상처가 될 거야.'

나는 아이의 능력에 미리 한계를 긋고, 실패에 대한 두려움으로 도전을 포기하는 것이 엄마의 가장 큰 실수라고 생각한다. 아이가 더 큰 꿈을 꾸고 더 많은 기회를 만나게 하려면 내가 먼저 용기를 내야 한다. 사랑과 관심으로 내 아이를 살펴보자. 그리고 그 속에 잠들어 있는 무한한 가능성과 재능을 발견해주는 거다.

아이가 초등학교에 입학하면 엄마도 다시 1학년이 된다더니 그 말이 맞다. 이미 거쳐온 길인데 새롭게 느껴지는 것이 신기할 뿐이다. 학부모로서 첫걸음을 뗐을 땐 딱 1학년만큼만 보였는데, 5학년이 되니 확실히 시야가 넓어졌다.

처음엔 나도 모든 것이 두려웠다. 하지만 이제 미리 걱정하지 않는다. 실수하고 시행착오를 거치며 엄마도 성장한다. 그것은 아이를 키우면서 거치는 자연스러운 과정이다. 중요한 것은 실수를 디딤돌 삼아 일어서는 것이다. 원고 작업을 하면서 나처럼 육아를 하는 분들과 나누고 싶은 이야기가 참 많다는 생각을 했다. 내가 많은 선배 엄마로부터 조언과 위로를 얻었듯, 이 책이 다른 분들의 육아에 작은 도움이 된다면 정말 행복할 것이다.

나는 여전히 실수투성이에 완벽하지 못한 사람이다. 그래도 넘어질 때마다 툭툭 털고 일어서려 한다. 그리고 아이의 인생을 열렬히 응원하는 팬이자 모든 어려움을 나누는 든든한 친구가 될 것이다. 정우 곁에서 나는 늘 노력하는 현재진행형인 엄마가 되고 싶다.

오늘도 부족한 엄마를 믿고 의지해주는
세상 단 하나의 보물
정우야! 정말 고마워.
힘들고 지칠 때 뒤를 돌아보면,
엄마가 늘 그 자리에 변함없이
소나무처럼 정우를 기다리고 응원할게.
사랑해!

그리고 정우 아빠 조영구 씨와
사랑하는 어머니, 아버지께도
감사함을 전하고 싶습니다.

마지막으로
저의 책에 관심 가져주신 모든 분들께
항상 좋은 일만 가득하시기를
기도하겠습니다.

상위 0.3%로 키운 엄마의 교육법

내 아이를 영재로 바라보면 영재가 된다

제1판 1쇄 인쇄 │ 2019년 6월 17일
제1판 1쇄 발행 │ 2019년 6월 24일

지은이 │ 신재은
펴낸이 │ 한경준
펴낸곳 │ 한국경제신문 한경BP
책임편집 │ 노민정
교정교열 │ 공순례
저작권 │ 백상아
홍보 │ 서은실 · 이여진 · 조혜림
마케팅 │ 배한일 · 김규형
디자인 │ 지소영
본문디자인 │ 디자인 현

주소 │ 서울특별시 중구 청파로 463
기획출판팀 │ 02-3604-553~6
영업마케팅팀 │ 02-3604-595, 583   FAX │ 02-3604-599
H │ http://bp.hankyung.com   E │ bp@hankyung.com
F │ www.facebook.com/hankyungbp
등록 │ 제 2-315(1967. 5. 15)

ISBN 978-89-475-4489-4 03370